U0677822

智能技术驱动下企业财务共享体系建设与应用研究

朱 捷 著

东北大学出版社

·沈 阳·

ⓒ 朱捷 2024

图书在版编目(CIP)数据

智能技术驱动下企业财务共享体系建设与应用研究 /
朱捷著. -- 沈阳：东北大学出版社，2024. 10.
ISBN 978-7-5517-3668-8

Ⅰ. F275-39

中国国家版本馆 CIP 数据核字第 2024UG6502 号

出 版 者：东北大学出版社
　　　　　地址：沈阳市和平区文化路三号巷 11 号
　　　　　邮编：110819
　　　　　电话：024-83683655(总编室)
　　　　　　　　024-83687331(营销部)
　　　　　网址：http://press. neu. edu. cn
印 刷 者：辽宁一诺广告印务有限公司
发 行 者：东北大学出版社
幅面尺寸：185mm×260mm
印 　张：8.5
字 　数：157 千字
出版时间：2024 年 10 月第 1 版
印刷时间：2024 年 11 月第 1 次印刷
责任编辑：高艳君
责任校对：邱 静
封面设计：潘正一
责任出版：初 茗

ISBN 978-7-5517-3668-8　　　　　　　　　定 价：45.00 元

前　言

　　随着全球经济的深度融合和信息技术的迅猛发展,企业面临的竞争环境日益复杂多变。在这样的背景下,传统的财务管理模式已难以满足企业快速响应市场变化、实现高效决策的需求。财务共享体系作为企业财务管理的重要组成部分,其建设与应用尤为重要。通过财务共享体系,企业可以实现财务信息的集中管理、统一核算和实时监控,从而有效降低管理成本、提高管理效率。同时,智能技术为企业财务共享体系的建设提供了强有力的支撑。这些技术的应用不仅可以帮助企业实现财务信息的自动化处理、智能化分析和预测,还可以优化财务管理流程、提升管理决策的科学性和准确性。因此,将智能技术应用于企业财务共享体系的建设,对于提升企业的财务管理水平、增强企业的市场竞争力具有重要意义。

　　本书从企业财务共享概述入手,分析了智能技术在企业财务共享中的应用、智能技术驱动下的企业财务共享体系建设,并深入探讨了智能技术驱动下的企业财务共享体系实施与管理。希望本书能够为读者在智能技术驱动下企业财务共享体系建设与应用研究方面提供帮助。

　　本书主要汇集了笔者在工作、实践中取得的一些研究成果。写作过程中,笔者参阅了相关文献资料,在此谨向其作者深表感谢。

　　由于水平有限,缺点在所难免,希望得到广大读者的批评指正,并衷心希望同行不吝赐教。

朱　捷

2024 年 7 月

目　录

第一章　企业财务共享概述

第一节　财务共享的内涵

一、财务共享的定义

财务共享作为一种新兴的财务管理模式,正在逐步受到企业界的广泛关注和应用。它的基本含义是企业将原本分散在各个业务单元或子公司的财务业务集中到共享服务中心统一处理,以实现财务业务流程的标准化、规模化运作。这种模式通过整合内部财务资源、优化业务流程、提高财务管理效率为企业创造更大的价值。

从概念内涵来看,财务共享突破了传统的财务管理边界,将财务工作从"支持型"职能转变为"价值创造型"职能。在财务共享模式下,财务不再是简单的记账、报账、算账,而是通过标准化的流程、先进的信息技术平台和专业化的人员配置为业务单元提供高效、优质的财务服务。这种服务不仅包括传统的会计核算、财务报告等基础性工作,还延伸到财务分析、预算管理、资金管理等更高层次的管理领域。可以说,财务共享使财务部门从单纯的"数字加工车间"转变为企业价值创造的"中枢神经"。

从概念外延来看,财务共享覆盖了财务管理的多个环节和层次。根据业务范围,财务共享可以涵盖账务处理、资金管理、税务管理、资产管理、财务报告等财务模块;根据管理层次,财务共享既包括基础性的交易处理,也包括战略性的财务决策支持。随着大数据、人工智能等新兴技术的发展,财务共享的外延还在不断拓展,向着智能化、平台化的方向演进。企业可以根据自身业务特点和管理需求,灵活地确定财务共享的具体内容和形式。

二、财务共享的基本特征

(一)标准化与规模化

标准化和规模化是财务共享的两大核心特征。财务共享服务通过对财务业务流程进行标准化设计和规模化运作,实现财务管理的精细化、专业化和高效化。

1.流程标准化

流程标准化是财务共享的基础。在传统的分散式财务管理模式下,业务单元的财务流程往往各不相同,缺乏统一的标准和规范。这不仅导致财务数据质量参差不齐,还造成大量的重复劳动和低效运作。财务共享服务将分散的财务业务集中到共享中心,通过对业务流程进行梳理、优化和再造,形成标准化的作业模式。这种标准化不仅体现在会计核算、资金管理、税务筹划等各个具体业务环节,还体现在财务组织架构、岗位设置、权责分工等方方面面。通过全面的流程标准化,财务共享服务构建起规范统一的财务管理体系,从而保证财务数据的准确性、及时性和完整性,为企业经营决策提供可靠依据。

2.业务规模化

业务规模化是财务共享的关键。在传统模式下,财务人员分散在各业务单元,很难形成专业化分工和规模效应。财务共享服务通过集中业务处理,将大量同质化、重复性的财务业务集中到共享中心,实现业务操作的规模化、批量化。这种规模效应不仅体现在业务量的增加,更体现在专业化分工和流程优化带来的效率提升。在共享中心内部,财务人员按照业务类型划分为不同的专业团队,各司其职,专注于自己擅长的领域。这种专业化分工避免了员工的多项任务倾向,大大提高了工作效率和质量。同时,共享中心还利用信息技术手段和先进管理工具优化业务流程,提升自动化水平,减少人工操作环节,从而进一步释放规模效应。

(二)集中化与协同效应

1.集中化

集中化管理的首要特征是建立统一的财务处理平台和标准化流程。在财务共享服务模式下,企业将所有财务活动整合到一个统一的平台上进行处理,这不仅包括日常的账务处理、报表编制,还涵盖了预算制定、成本控制、资金管理等各个环节。通过统一的平台,企业能够确保所有财务数据的录入、处理和输出都遵循既定的标准和规范,从而避免了多平台、多标准带来的数据不一致和信息孤岛问题。

集中化管理显著提高了财务工作的效率和准确性。在传统财务管理模式下，各分支机构或部门往往各自为政，财务处理流程烦琐且易出错。而财务共享服务通过集中化处理，将原本分散的财务工作整合到一起，实现了规模化效应和专业化分工。专业化的财务团队利用先进的信息系统和技术手段，能够快速、准确地完成各类财务任务，大大提高了工作效率和准确性。

集中化管理有助于优化企业的资源配置。通过集中化处理，企业能够更清晰地了解各分支机构或部门的财务状况和经营成果，从而根据整体战略目标和业务需求进行资源调配。这不仅可以避免资源的浪费和重复投入，还能确保关键领域和重点项目的资金需求得到满足，提升企业的整体运营效率和竞争力。

2. 协同效应

财务共享服务不仅局限于财务部门内部，还能够促进跨部门的协作与沟通。在财务共享模式下，企业内部各部门可以实时访问和共享财务数据，打破了传统财务管理模式下的信息壁垒。这种信息共享不仅有助于各部门了解财务状况和经营成果，还能促进部门之间的协作与配合，共同推动企业战略目标的实现。

财务共享服务通过集中化管理和标准化流程，强化了企业的内部控制和风险管理能力。在财务共享模式下，企业可以建立更加完善的内部控制体系，确保财务数据的真实性和准确性。同时，通过实时监控和数据分析，企业能够及时发现潜在的财务风险和经营问题，并采取相应的措施进行防范和应对。这种风险防控机制有助于降低企业的财务风险和经营风险，保障企业的稳健发展。

财务共享服务提升了企业的决策支持能力。通过集中化处理和智能化分析，财务共享服务能够为企业提供更加全面、准确、及时的财务信息。这些信息不仅涵盖了财务状况和经营成果等基础数据，还包括了预算执行情况、成本控制效果、资金流动状况等关键指标。企业可以利用这些信息进行深入的分析和挖掘，为高层决策提供有力的数据支持。这种决策支持能力有助于企业更好地把握市场机遇和应对挑战，实现可持续发展。

集中化和协同效应在财务共享服务中相互促进、相互依存。集中化管理为协同效应的发挥提供了基础条件和有力保障；而协同效应则进一步强化了集中化管理的效果和价值。通过集中化管理，企业能够实现财务资源的优化配置和高效利用；而通过协同效应的发挥，企业能够在打破部门壁垒、促进跨部门协作与沟通、提升内部控制与风险管理能力、增强决策支持能力等多个方面取得显著成效。这种相互促进的关系使财务共享服务成为企业财务管理创新的重要方向之一。

三、财务共享的核心理念

(一)效率优先

效率是企业生存和发展的关键,而财务管理作为企业管理的核心内容之一,其效率高低直接影响着企业的经营绩效。传统的财务管理模式存在信息传递不畅、业务处理效率低下等问题,难以满足现代企业发展的需求。财务共享服务模式的出现,为企业提升财务管理效率提供了新的思路和方向。

财务共享服务通过集中化、标准化、专业化的运作方式打破了传统财务管理的部门壁垒,实现了财务资源的优化配置。在这一模式下,企业将分散在各部门、各地区的财务业务集中到共享服务中心进行处理,财务人员按照标准化的流程和规范开展工作,不仅减少了重复劳动,提高了工作效率,还能够及时、准确地为管理层提供财务信息,为企业决策提供有力支持。

财务共享服务的实施需要企业在组织架构、流程设计、人员培养等方面进行系统性的变革和优化。企业需要根据自身的业务特点和管理需求,合理设置共享服务中心的功能定位和服务范围,并建立起与之相适应的管理体系和绩效评价机制。同时,还要注重财务人员的专业化培养和职业发展,调动其工作积极性和创新意识,不断优化和完善财务共享服务模式。

(二)成本效益

财务共享模式下的成本控制和效益最大化是企业实现高质量发展的关键举措。传统的财务管理模式往往存在信息孤岛、业务割裂、资源浪费等问题,难以满足企业精细化管理的需求。而财务共享的集中化、标准化、专业化运作方式不仅能够有效降低运营成本,提高财务管理效率,更能够为企业创造更大的经济效益和社会价值。

从成本控制的角度来看,财务共享模式具有显著优势。首先,通过集中处理财务业务,企业可以避免重复建设,减少人力、物力等资源的投入,从而降低运营成本。其次,财务共享模式采用标准化的业务流程和数据接口,能够最大限度地减少人工操作失误,提高财务数据的准确性和可靠性,进而降低风险成本。再次,财务共享中心还能够通过专业化分工和规模效应提高员工的工作效率和专业水平,进一步控制人力成本。

从效益最大化的角度来看,财务共享模式同样大有可为。一方面,财务共享通过整合企业内外部资源,优化资源配置,能够提高资金使用效率,创造更大的经济效益。例如,通过建立资金池,企业可以实现资金的统筹管理和内部融通,降低外部融资成本,提高资金收益。另一方面,财务共享还能够为企业的战略决策提供有力支撑。通过集中采集、分析财务数据,财务共享中心可以及时、准确地反映企业的经营状况,为管理层提供决策依据,助力企业实现可持续发展。

四、财务共享的主要目标

(一)服务质量提升

财务共享服务模式通过集中化、标准化、专业化的运作方式为企业财务管理注入了新的活力。在这一模式下,企业可以将分散于各部门、各业务单元的财务业务集中到共享服务中心进行处理,实现财务资源的优化配置和高效利用。这不仅有助于提高财务工作效率,降低运营成本,而且能够提升财务服务的质量和水平,为企业决策提供更加及时、准确、全面的数据支持。

从服务对象的角度来看,财务共享服务的客户主要包括企业内部各部门和业务单元。在传统的财务管理模式下,各部门往往各自为政,缺乏沟通和协同,导致财务工作效率低下,服务质量参差不齐。而财务共享服务则打破了部门壁垒,建立起一个统一的服务平台,为所有客户提供标准化、规范化的财务服务。这种模式不仅能够提高服务的可获得性和便捷性,而且能够促进部门间的协同配合,提升整个组织的运作效能。

从服务内容的角度来看,财务共享服务涵盖了财务核算、资金管理、税务筹划、预算控制等各个方面。通过对这些业务的集中处理和标准化操作,共享服务中心可以充分发挥规模效应和专业优势,提供更加专业、高效、优质的服务。例如,在财务核算方面,共享服务中心可以利用先进的信息技术手段实现凭证的自动生成和传递、账务处理的自动化和智能化,大大提高核算的准确性和及时性。在资金管理方面,共享服务中心可以实现资金的集中调度和统筹管理,优化资金配置,提高资金使用效率,降低财务风险。

从服务模式的角度来看,财务共享服务通常采用服务级别协议(SLA)的方式,明确服务中心与客户部门之间的权责关系和服务标准。这种契约化的管理模式有利于提升服务的规范性和可度量性,促进服务中心的持续改进和客户满意度的提升。同时,共享服务中心还可以通过绩效考核和激励机制调动员工的积极性和创造性,营造良好的服务文化和氛围。一些企业还探索建立服务需求管理机制,定期收集和分析客户需求,不断优化和创新服务内容和方式,实现服务价值的持续提升。

财务共享服务的核心在于整合与共享。它打破了传统的部门界限和业务壁垒,将分散的财务资源和能力进行整合,形成一个统一、共享的服务平台。通过专业化分工和规模化运作,财务共享服务能够显著提升财务管理的质量和效率,为企业创造更大的价值。同时,财务共享服务还具有很强的柔性和弹性,能够根据企业的战略调整和业务变化快速响应和适应,为企业的可持续发展提供有力支撑。

(二)价值创造

财务共享模式对企业价值链的贡献主要体现在成本优化、效率提升和价值创造三个方面。

1.成本优化

通过集中化、标准化、专业化的财务运作方式,财务共享模式能够有效降低企业的运营成本。在传统的分散式财务管理模式下,各业务单元都需要配备专门的财务人员,导致人力成本高企。而在财务共享模式下,企业可以将分散的财务职能集中到共享服务中心,通过规模效应和专业分工大幅减少所需财务人员数量,从而节约人力成本。财务共享模式还能够促进企业内部资源的优化配置,避免重复投资和资源浪费,进一步降低运营成本。

2.效率提升

传统的财务管理方式往往存在流程冗余、数据不一致等问题,导致财务工作低效。而财务共享模式通过流程再造和数据标准化能够显著提升财务业务处理速度和准确性。财务共享服务中心借助信息技术手段实现财务业务的自动化、智能化处理,减少人工操作环节,缩短业务流转周期。这不仅能够提高财务工作效率,而且能够及时、准确地为管理层提供财务数据支持,助力企业快速适应市场变化,提高决策水平。

3.价值创造

在传统模式下,财务部门更多扮演着记账、报账的角色,难以为企业经营决策提供有力支持。而财务共享模式通过释放财务人员的时间和精力,使其能够从事更多高附加值的管理会计工作,如全面预算管理、成本管控、投资决策支持等。财务人员不再仅仅是数字的记录者,而成为业务的参与者和决策的支持者。他们利用专业技能和财务视角深入分析业务数据,挖掘潜在风险和机遇,为企业价值创造提供新的思路和动力。

第二节 财务共享的基本模式

一、集中式财务共享模式

集中式财务共享模式是将企业内部分散的财务职能集中到一个单一的共享中心进行处理的模式。在这种模式下,企业的财务活动(如会计核算、资金管理、税务管理等)都由共享中心统一执行,而不再由各个业务单元或子公司分别处理。这种集中处理的方式能够显著提升财务管理的标准化程度和运营效率,实现规模经济效益。

从组织结构上看,集中式财务共享模式通常采用三层架构:战略层、管理层和操作层。战略层负责制定财务战略和政策,管理层负责财务共享中心的日常管理和绩效考核,操作层则负责具体的财务处理工作。这种扁平化的组织架构有利于提高决策效率,促进财务流程的优化与再造。

与传统的分散式财务管理相比,集中式财务共享模式具有诸多优势。首先,它能够实现财务流程、制度和数据的高度统一,从而提高财务信息质量,为管理决策提供更加及时、准确的依据。其次,通过集中处理和专业化分工,财务共享中心能够聚集优秀的财务人才,发挥人力资源的最大效能。另外,共享中心能够充分利用信息技术手段,优化业财融合,推动财务管理向智能化、数字化转型。

然而,集中式财务共享模式在实施过程中也面临着诸多挑战和风险。首先,构建集中式财务共享中心需要大量的前期投入,包括硬件设施、软件系统、人员培训等,这对企业的资金实力提出了较高要求。其次,集中式财务共享模式对企业内部的组织结构和管理体系提出了新的挑战。在传统的分散式财务管理模式下,各业务部门拥有较大的自主权,而集中式财务共享模式则需要各部门服从统一的财务管理流程和标准,这可能会引发部门间的权力博弈和利益冲突。再次,集中式财务共享模式对财务人员的专业能力提出了更高要求。共享服务中心需要配备高素质的财务专业人才,具备全面的业务知识和过硬的专业技能,才能胜任复杂的财务管理工作。另外,集中式财务共享模式还可能面临数据安全和信息泄露的风险。由于财务数据高度集中,一旦发生数据泄露或系统故障,将对企业的财务管理和经营决策产生严重影响。因此,企业在实施集中式财务共享模式时,必须高度重视数据安全问题,建立完善的信息安全管理制度和应急响应机制,确保财务数据的机密性、完整性和可用性。

尽管集中式财务共享模式存在诸多挑战和风险,但其带来的效率提升和成本优化效益是显而易见的。为了充分发挥集中式财务共享模式的优势,企业需要审慎评估自身的业务特点、组织结构和管理能力,选择适合的实施路径和方案。在实施过程中,企业应当重视变革管理,加强与业务部门的沟通协调,充分调动各方面的积极性和创造性,共同推进财务共享中心的建设和运营。同时,企业应当加大对财务人员的培养力度,提升其专业能力和综合素质,为财务共享中心的高效运转提供人才保障。

二、分布式财务共享模式

分布式财务共享模式是一种将财务职能分散到企业不同地点的财务部门,并让这些部门共享部分财务职能的模式。

在这种模式下,总部财务部门通常负责制定统一的财务政策、规范和流程,并对各地区财务部门进行管理和监督;而各地区财务部门则根据总部的要求,结合当地实际情况,开展具体的财务工作,如会计核算、资金管理、税务筹划等。同时,各地区财务部门之间通过信息系统实现数据共享和业务协同,提高财务管理的效率和质量。

分布式财务共享模式的一大优势在于,它充分考虑了企业的地域特点和业务需求。对于跨区域经营、业务多元化的大型企业而言,集中式的财务管理模式往往难以兼顾各地区的差异性,容易出现信息传递不畅、决策效率低下等问题。而分布式财务共享模式通过"分散管理、集中控制"的方式,既保证了总部对财务工作的统一管理,又给予各地区财务部门一定的自主权,能够更好地满足不同区域、不同业务的财务需求。此外,分布式财务共享模式还有利于提高财务人员的专业化水平和工作积极性。在这种模式下,各地区财务部门通常按照业务领域或职能来设置岗位,财务人员可以专注于特定领域的工作,不断提升专业技能。同时,总部与各地区财务部门之间的职责分工更加明确,有利于调动财务人员的工作积极性,激发其潜力和创造力。

然而,分布式财务共享模式也面临着管理上的复杂性挑战。由于财务职能分散在不同地点,如何实现标准化、规范化管理,确保财务数据的准确性和一致性,成为亟待解决的问题。这就要求企业建立健全管控体系,明确各财务共享中心的职责边界,制定统一的操作规范和质量标准,并通过信息化手段实现数据的实时共享和监控。只有在统一的框架下,分布式财务共享模式才能发挥协同效应,实现资源优化配置。此外,分布式财务共享模式对企业的组织架构和管理模式也提出了新的要求。传统的垂直管理模式难以适应分布式环境下的协调运作,需要向扁平化、矩阵式的组织形态转变。这就要求企业重塑管理流程,打破部门壁垒,建立起跨地域、跨业务的沟通协作机制。同时,需要提升财务人员的综合素质,培养具备全局视野和业务融合能力的复合型人才。只有人才、流程、机制三位一体,分布式财务共享模式才能真正"落地生根"。

三、混合式财务共享模式

混合式财务共享模式是集中式和分布式财务共享模式的有机结合,旨在发挥两种模式的优势,弥补其局限性。在这一模式下,企业根据业务特点和管理需求将部分财务职能集中到共享服务中心,由专业化团队统一处理;而将另一部分职能下放到各业务单元,由本地财务人员负责。这种"集中＋分散"的混合式运作方式能够在提高财务管理效率的同时,兼顾业务单元的灵活性和差异化需求。

从组织架构来看,混合式财务共享模式通常由三个层级构成:战略层、执行层和业务层。战略层负责制定财务战略、政策和标准,统筹规划财务共享体系建设;执行层即共享服务中心,承担账务处理、资金管理、报表编制等事务性工作;业务层则由各业务单元的财务部门组成,负责预算管理、成本控制、投融资决策等专业性工作。三个层级各司其职、相互协同,形成了一个有机统一的财务管理体系。

混合式财务共享模式的关键在于合理划分集中与分散的边界。一般来说,具有高度标准化、流程化特点的财务业务(如发票处理、付款审批、总账核算等)适合集中到共享服务中心;而需要结合业务实际、依赖本地资源的职能(如预算编制、税务筹划、风险管控等)则应下放到业务单元。当然,这种划分并非一成不变,企业可根据自身情况动态调整。比如,对于新设立的业务单元,在其财务基础尚不完善时,可将更多职能集中到共享中心,待其逐步成熟后再下放权限。

混合式财务共享模式的优势在于兼顾效率与质量。集中处理事务性业务能够通过规模效应降低运营成本,提高流程标准化程度,确保财务数据的一致性和及时性;分散管理专业性职能则有助于发挥业务单元的自主性和创造力,更好地满足一线管理需求,提升财务决策的针对性和响应速度。同时,战略层的统一领导也保证了财务管理始终与企业战略保持一致,朝着共同目标协同发展。

当然,推行混合式财务共享也面临着一定挑战。首先,集团总部与业务单元在职责划分上可能存在分歧,影响财务职能的有效配置;其次,共享服务中心与本地财务团队在沟通协调、流程衔接上可能出现断点,影响工作效率;最后,不同业务单元的财务制度和信息系统可能不统一,增加了财务集中管控的难度。对此,企业需要建立健全财务共享治理机制,明确各方权责,优化业务流程,强化系统整合,做好变革管理,最终实现效率与质量的平衡。

四、共享服务中心模式

共享服务中心模式是通过对人员、技术和流程的有效整合,实现组织内公共流程的标准化和精简化的一种创新手段。这种模式突破了传统的职能部门界限,实现了财务资源的集中管理和优化配置,具有显著的规模经济效应和专业化优势。

在共享服务中心模式下,企业设立一个独立的服务中心,集中处理各业务单元的财务业务,如会计核算、财务报告、资金管理等。这种集中处理方式有利于实现财务流程的标准化和规范化,提高财务工作效率,降低运营成本。共享服务中心还能够整合优质财务资源,引进先进的信息技术和管理理念,为业务单元提供高质量、高效率的财务服务。

共享服务中心模式的一个显著特点是独立性。服务中心作为一个独立的利润中心,拥有相对独立的人员编制、管理体系和考核机制。这种独立性使其能够更加专注于提供财务服务,不受业务部门的干扰,保证了服务的专业性和连续性。同时,独立核算也有利于服务中心的成本控制和绩效管理,促进其不断提升服务质量和效率。另一个重要特点是服务中心与业务单元之间的委托代理关系。业务单元将财务职能外包给服务中心,通过签订服务协议明确双方的权责关系和服务标准。这种委托代理关系有利于理顺企业内部的财务管理体制,推动财务与业务的深度融合。业务单元可以将更多精力集中在核心业务上,而服务中心则专注于提供优质高效的财务服务,实现专业化分工和协同发展。

从服务质量的角度来看,共享服务中心模式有利于提高财务服务的专业化水平和标准化程度。通过集中优秀的财务人才,建立统一的工作流程和操作规范,共享服务中心能够为业务单元提供更加专业、高效、准确的财务服务。共享服务中心的员工通常经过系统的培训,掌握财务领域的专业知识和技能,能够及时、准确地处理各类财务业务,为企业的财务决策提供有力支持。同时,共享服务中心采用标准化的服务流程和质量控制体系,确保财务服务的一致性和可靠性,减少由人为因素导致的差错和风险。

从成本控制的角度来看,共享服务中心模式能够显著降低企业的财务运营成本。在分散式财务管理模式下,各业务单元都需要配备专门的财务人员和系统,导致人力、设备、软件等资源的重复投入和浪费;而共享服务中心通过集中管理,实现了财务资源的共享和优化配置,避免了不必要的重复建设和投入。同时,共享服务中心依托信息技术平台,实现了财务业务的自动化、智能化处理,大大提高了工作效率,减少了人工成本。此外,共享服务中心还能够通过规模效应争取更优惠的服务价格和采购条件,进一步降低企业的运营成本。

当然,推行共享服务中心模式也面临着一定的挑战。首先,建立共享服务中心需要投入大量的资金和资源,对企业的初始成本构成压力。其次,共享服务中心的建设和运营涉及组织架构调整、流程再造、人员整合等复杂工作,需要企业高层的决心和全员的配合。再次,共享服务中心与业务单元之间的沟通协调也可能出现问题,需要建立有效的治理机制和服务协议,明确双方的权责边界。另外,共享服务中心的远程服务模式可能对业务单元的响应速度和灵活性产生影响,需要在服务质量和效率之间求得平衡。

五、外包财务共享模式

外包财务共享模式是指企业将部分或全部财务职能外包给第三方专业机构,由其提供标准化、流程化的财务共享服务。这种模式能够帮助企业聚焦核心业务,简化内部流程,提高财务管理效率和质量。

从服务内容角度来看,外包财务共享模式通常涵盖了会计核算、资金管理、税务筹划、预算管控、财务分析等多个方面。专业的外包服务机构拥有丰富的行业经验和优秀的财务人才,能够为企业量身定制财务解决方案,提供专业化、精细化的服务。借助先进的信息技术平台和规范的操作流程,外包服务机构能够确保财务数据的准确性、及时性和安全性,为企业管理层提供可靠的决策支持。

从成本效益角度来看,外包财务共享模式有助于企业降低运营成本,提高投资回报率。通过将财务职能外包,企业可以避免大量的固定资产投入和人力资源开支,将有限的资源集中在核心业务领域。同时,外包服务机构凭借规模效应和专业优势能够以更低的成本为企业提供高质量的财务服务,帮助企业实现降本增效的目标。

从风险管控角度来看,外包财务共享模式能够有效防范和化解财务风险。专业的外包服务机构建立了完善的内控制度和风险预警机制,能够及时识别和应对各类财务风险,如资金风险、税务风险、合规风险等。通过严格的授权管理、职务分离和业务流程控制,外包服务机构能够最大限度地降低人为错误和舞弊行为,保障企业财务安全运行。

当然,外包财务共享模式也存在一定的局限性和挑战。首先,企业需要在服务质量、数据安全、商业秘密保护等方面对外包服务机构进行严格评估和监管,以防范潜在的外包风险。其次,外包模式可能在一定程度上削弱企业对财务工作的直接控制力,需要建立有效的沟通协调机制,确保外包服务机构与内部业务部门的无缝对接。另外,部分复杂的财务决策和高层财务管理职能不太适合外包,企业需要根据自身特点和发展阶段,合理界定外包服务的范围。

尽管存在一些挑战,但外包财务共享模式仍然是企业财务转型的重要选择之一。通过与专业外包服务机构的战略合作,企业能够在降低成本、提高效率、控制风险的同时,获得优质、灵活的财务共享服务,为企业的可持续发展提供有力支撑。在数字经济时代,外包财务共享模式也必将与云计算、大数据、人工智能等新兴技术深度融合,不断创新服务内容和交付方式,为企业财务管理赋能增效,助力企业实现高质量发展。

第三节 企业财务共享的意义

一、提高企业财务管理效率

(一)动态资源配置优化

在企业财务共享服务模式下,财务资源的动态配置与优化成为提升企业财务管理效率的关键举措。在传统的财务管理模式下,各业务部门往往独立管理财务资源,缺乏统一的调配和优化机制,导致资源分散、闲置,难以实现规模效益。而财务共享服务则通过集中管理打破部门壁垒,实现财务资源的统筹规划和灵活调配。

财务共享服务中心作为企业财务管理的枢纽,掌握全面的财务数据和信息,能够根据业务需求和财务状况合理调配资金、人员等关键资源。当某一业务部门出现资金短缺时,共享中心可以及时从其他部门调拨资金,确保业务运转;当某一岗位出现人员缺口时,共享中心可以从内部进行人员调剂,或者通过外部招聘快速补充。这种动态的资源配置方式能够大大提高财务运作的效率和灵活性。

财务共享服务还为资源的优化配置提供数据基础和决策支持。共享中心通过整合财务数据,运用先进的分析工具和算法,可以准确预测未来的资金需求,识别潜在的成本节约机会,优化资本结构和投资决策。企业管理层可以基于共享中心提供的专业分析和建议及时调整资源配置策略,将有限的资源投入到最有价值的领域,实现效益最大化。

(二)流程自动化与信息实时性

企业财务共享服务中流程自动化和信息实时性的提升为企业财务管理效率的优化带来了显著成效。通过引入智能化技术手段,财务共享服务模式能够最大限度地减少人工干预,实现业务流程的标准化和自动化,从而提升财务信息处理的速度和准确性。

在传统的财务管理模式下,烦琐的人工作业和复杂的审批流程往往导致财务数据处理效率低下,信息传递迟滞,难以满足企业管理决策的时效性需求。而财务共享服务平台借助工作流引擎、机器人流程自动化（robotic process automation，RPA）等新兴技术，通过对业务规则和流程的梳理固化，实现了从单据录入、数据校验到账务处理等环节的自动化，大幅降低了人工操作强度，缩短了业务流转周期。以费用报销为例，员工在移动端提交申请后，系统可自动完成票据光学字符识别（optical character recognition，OCR）、费用类型判断、预算匹配等前置审核，并根据审批规则自动流转至相关负责人，免除了纸质单据的重复处理和邮寄耗时。

财务共享服务的流程自动化也为提升财务信息质量奠定了基础。在传统模式下，手工录入和计算容易产生错漏，且缺乏有效的实时监控手段。而共享平台通过嵌入智能化的数据校验和账务规则，能够在业务发生时自动检查关键要素的完整性和准确性，并及时预警异常情况，从源头防范财务风险，确保数据处理结果的高度可靠。以银行对账为例，共享平台可以设置智能对账规则，自动比对银行回单与业务系统数据，快速识别未达账项、长期挂账等问题，并触发预警提示，供财务人员查看处理，实现账实相符、账账相符。

基于标准化的财务共享流程，企业各层级的管理者都能够实时获取财务信息，并借助可视化工具进行多维度的分析利用。例如，通过共享平台的业务驾驶舱，管理者可随时查看资金收支、应收应付、成本费用等关键指标的最新状态和走势，并进行同期对比、预算对比等分析，及时掌握财务执行偏差，快速响应决策需求。而这在手工作业和有信息壁垒的传统模式下是难以实现的。

（三）决策支持与响应迅速

财务共享服务模式通过集中化、标准化的财务处理有效整合了企业内部资源，提高了财务管理效率和决策支持能力。在这一模式下，企业建立起统一的财务数据平台，将分散在各部门、各层级的财务数据进行集中管理和实时更新。这不仅确保了数据的准确性和一致性，更为管理层提供了全面、及时的财务信息，大大加快了决策过程。财务人员从烦琐的数据收集、核对工作中解放出来，将更多精力投入到数据分析和决策支持中。管理层也能够根据实时财务数据快速洞察业务运营状况，及时调整经营策略。这种敏捷的财务响应能力使企业能够在瞬息万变的市场环境中把握先机，赢得竞争优势。

财务共享服务还通过专业化分工和规模化运作提升了财务管理的专业水平和效率。在传统的财务组织模式下，各部门、各子公司往往配备自己的财务人员，导致人力资源分散,专业化程度不高。而在共享服务模式下,财务人员按照业务流程进行专业化分工,如应收账款管理、资金管理、税务管理等,既提高了工作效率,也有助于财务人员的专业能力发展。集中化的财务处理还能够实现规模经济效应,通过批量化、自动化的处理方式,降低单位处理成本。

先进的财务信息系统也为管理决策提供了强大的数据支撑和分析工具。在财务共享平台上,企业可以整合企业资源计划(Enterprise Resource Planning,ERP)、客户关系管理(Customer Relationship Management,CRM)、供应链管理(Supply Chain Management ,SCM)等各类业务系统的数据,搭建起涵盖采购、生产、销售、财务等全价值链的数据仓库。管理者借助大数据分析、数据挖掘等技术,深入洞察业务运营规律,优化资源配置,预测市场趋势,为战略决策提供有力支持。一些企业还利用人工智能技术,开发智能财务机器人,进一步提升财务处理的自动化水平和效率。

二、降低企业运营成本

(一)标准化流程降低错误率

标准化流程是降低财务错误率的重要手段。在企业财务共享体系中,通过建立统一的操作规范和标准,可以有效减少人为失误,提高财务处理的准确性。在传统的财务管理模式下,各部门、各子公司往往各自为政,缺乏统一的流程标准,导致财务数据的质量参差不齐。而共享服务中心的建立为企业财务流程的标准化奠定了基础。

首先,共享服务中心通过对财务流程进行梳理和优化,制定出一套规范化的操作指引。这些指引涵盖财务处理的各个环节,如单据录入、审核、付款、报账等,明确每个步骤的操作要求和注意事项。财务人员只需按照标准流程进行处理,就能有效避免遗漏、错填等低级错误的发生。同时,标准化的流程也为财务数据的自动化处理创造了条件,通过系统控制和逻辑校验,进一步降低人工操作带来的风险。

其次,共享服务中心还建立了完善的质量控制体系,通过多维度、多层次的审核机制,保证财务处理的准确无误。一方面,共享中心设置专门的质检岗位,对财务凭证、报表等进行事前、事中和事后的抽查,及时发现和纠正错误。另一方面,共享平台嵌入智能化的审核规则,利用大数据分析和机器学习算法实时监控异常数据,触发预警提示。这种人机结合的质量控制方式极大地提升了财务信息的可靠性。

再次,标准化的财务流程还有利于加强内部控制,防范舞弊风险。在传统模式下,由于缺乏统一规范,不同部门、不同主体之间容易出现职责不清、制衡失效等问题,给舞弊行为留下了可乘之机。而共享服务模式通过职责分离、流程固化,建立起一道道防火墙。例如,在发票审核、付款审批等关键节点设置多人会审,严格执行复核制度,杜绝单人操作;再如,严格限定各岗位人员的系统权限,并建立操作日志留痕,保证每笔交易都有迹可查。这些内控措施的有效实施都离不开标准化流程的支撑。

另外,标准化流程还为财务人员的专业化发展提供了保障。共享服务中心实行专岗专责,将原本分散的财务职能进行集中、细分,形成相对独立又紧密协作的业务模块。每个财务人员只需专注于某个具体环节,反复操练,就能熟练掌握业务技能,提高工作效率和准确率。而那些复杂、烦琐的环节,则交由专业团队来处理,减轻了一线人员的工作负荷。这种专业化分工不仅提升了个人能力,也锻炼了团队协作能力,为打造高素质的财务队伍创造了条件。

(二)共享服务中心规模效应

共享服务中心的建立是企业财务管理模式创新的重要体现。共享服务中心通过集中化处理财务业务充分发挥规模经济效应,降低企业的运营成本。共享服务中心将分散在各业务单元的财务人员进行整合,组建专业化的财务团队,实现人员的集中管理和统一调配。这不仅减少了冗余岗位,节约了人力成本,还能够最大限度地发挥财务人员的专业价值。财务人员可以将更多精力投入到财务分析、风险管控等高附加值工作中,而非重复性的事务性操作。

共享服务中心还能够通过流程优化和技术创新提高财务处理效率,降低运营成本。传统的财务流程往往存在着手工操作多、数据传递慢、审批环节烦琐等问题,导致财务处理效率低下,成本居高不下。而共享服务中心则可以运用信息技术手段,如财务云平台、大数据分析等,实现财务流程的自动化和智能化。标准化、精简化的财务流程不仅能够显著提升处理速度,减少差错率,更能够节约大量的时间和资源成本。

共享服务中心还能够通过集中采购、统一管理等方式实现规模采购和谈判议价,进一步降低采购成本。分散在各业务单元的采购需求得以整合,共享服务中心可以与供应商建立战略合作关系,争取更优惠的价格和服务条款。同时,统一的供应商管理也有助于提高采购的规范性和透明度,降低采购风险。

值得一提的是,共享服务中心并非简单的财务集中管控,而是一种全新的管理理念和运作模式。它坚持以客户为中心,将各业务单元视为内部客户,通过服务水平协议(SLA)明确双方的权责利,形成良性的互动机制。共享服务中心需要不断提升服务质量,以满足业务单元多样化、个性化的需求;而业务单元则可以专注于核心业务,从繁杂的财务事务中解放出来。这种"互利共赢"的模式既提高了管理效率,又激发了组织活力。

(三)优化供应链管理,降低间接成本

企业财务共享体系的建设不仅能够优化供应链管理,降低间接成本,更能为企业的长远发展提供有力支撑。通过搭建财务共享平台,企业可以实现财务数据的集中管理和共享应用,打通供应链各个环节的信息壁垒,实现供应链的协同运作和优化管理。财务共享平台能够汇聚采购、生产、仓储、物流等各个环节的财务数据,为供应链管理提供全面、准确、实时的信息支持。基于共享平台的数据分析和挖掘,企业可以深入洞察供应链运作中的瓶颈和痛点,及时优化资源配置,压缩供应链成本。

在采购环节,财务共享平台可以整合采购需求,实现集中采购和战略采购,提高议价能力,降低采购成本。通过对供应商的财务数据分析,企业可以优化供应商管理,建立稳定、高效的供应体系。在生产环节,财务共享平台能够提供准确的成本核算数据,帮助企业优化生产排程,提高生产效率,降低生产成本。通过对生产财务数据的实时监控和预警,企业可以及时发现和解决生产异常问题,减少质量损失和浪费。在仓储和物流环节,财务共享平台可以优化库存管理,减少库存积压和呆滞,降低仓储成本。通过对物流财务数据的分析,企业可以优化物流路线和运输方式,提高物流效率,降低物流成本。

财务共享平台还能够促进供应链的协同创新和价值创造。基于共享平台的财务数据整合和分析,企业可以深入洞察市场需求和客户偏好,驱动供应链的柔性化和定制化,实现从大规模生产向大规模定制的转变。通过供应链各个环节的协同创新,企业可以缩短产品开发周期,提高产品质量和服务水平,增强市场竞争力。财务共享平台还能够促进供应链的风险管理和内部控制。通过对供应链财

务数据的实时监控和预警,企业可以及时识别和应对供应链风险,提高风险管控能力。基于共享平台的业财融合,企业可以加强对供应链的内部控制,防范商业欺诈和腐败,提高供应链运作的合规性和透明度。

三、增强企业财务透明度

(一)统一数据平台,确保信息准确性

统一的数据平台是建设财务共享服务中心的坚实基础。数据平台的一体化和标准化是确保财务信息准确性、一致性的关键。在传统的企业财务管理模式下,各部门、各业务单元往往采用不同的财务系统和数据标准,导致数据割裂、信息不对称,严重影响财务管理的效率和决策的准确性。而统一的财务数据平台则能够打通数据壁垒,实现数据的集中管理和共享应用,从而为企业的财务管理和业务运营提供可靠的数据支撑。

统一的财务数据平台需要在数据采集、数据处理、数据存储等方面进行全面规划和设计。首先,要制定统一的数据采集标准和接口规范,确保各源系统的数据能够准确、及时地传输到共享平台。其次,要建立完善的数据处理机制,通过数据"清洗"、转换、整合等操作,将分散的、异构的数据转化为标准化的、高质量的数据资产。再次,要选择合适的数据存储架构和技术,既考虑数据的安全性、可靠性,又兼顾数据的访问效率和可扩展性。

统一的财务数据平台为企业财务管理带来的益处是多方面的。

(1)提高了财务信息的准确性和及时性。通过数据的集中管理和实时更新,财务人员能够及时获取最新、最准确的财务数据,减少数据错误和延迟带来的风险。

(2)促进了财务业务的标准化和流程化。基于统一的数据平台,企业可以优化财务业务流程,提高业务处理的自动化程度,减少人工操作的错误率。

(3)为财务分析和决策提供了有力支撑。海量的、高质量的财务数据为企业的预算管理、成本控制、绩效考核等提供了坚实的数据基础,管理者能够基于数据进行科学分析和决策。

(二)运用高级分析工具,提升报告质量

在企业财务共享体系建设中,应用高级分析工具对财务数据进行深度挖掘已

成为提升财务报告质量的关键举措。传统的财务报告往往局限于对历史数据的简单汇总和描述性分析,难以满足企业管理层对财务信息及时、准确、全面的需求。而先进的数据分析技术(如数据挖掘、机器学习等)则为财务共享中心提供了从海量数据中发现隐藏模式、趋势和关联关系的强大工具。

财务共享中心可以运用这些高级分析工具从多个维度对财务数据进行探索和建模,揭示业务运营中的深层次问题和优化机会。例如,利用聚类分析和异常检测算法,财务共享中心能够及时发现成本异常波动、收入确认不规范等潜在风险,从而加强内部控制,规避财务舞弊行为。再如,通过运用预测分析和情景模拟技术,财务共享中心可以准确预测企业未来的现金流和财务绩效,为管理层的投资决策和战略规划提供有力支撑。

高级分析工具的应用不仅能够挖掘出更深层次的财务信息,还能显著提升财务报告的可靠性和可信度。传统的人工编制报告往往存在主观性强、出错率高等问题,而自动化的数据分析和报告生成则可以最大限度地减少人为因素的干扰,确保财务信息的一致性和准确性。同时,借助可视化工具将复杂的分析结果转化为直观易懂的图表和仪表盘,财务共享中心能够以更加生动形象的方式向管理层传递关键信息,增强报告的说服力和影响力。

(三)增强监管和合规性

财务共享体系的建立为企业的合规经营提供了有力保障。通过集中管理和统一控制,财务共享平台能够及时发现并纠正业务流程中存在的违规行为,防范财务风险的发生。基于标准化的财务处理流程和严格的授权审批机制,共享平台可以有效规避人为操作失误,确保会计核算和财务报告的准确性、合规性。财务共享中心还能够通过大数据分析等手段持续监控业务活动的合规状况,及时预警潜在的合规风险,为管理层的决策提供可靠依据。

财务共享体系的建立也有利于增强企业的税务合规能力。共享平台可以借助信息化手段自动计算和生成各类税务报表,减少由人工处理引发的错误。专业化的税务团队可以密切关注税收政策的变化,制定合理的纳税筹划方案,规避税务风险。定期开展税务自查和风险评估可以帮助企业及时发现和整改税务问题,避免因违规而受到处罚。财务共享平台还能够通过与税务系统的无缝对接实现税务申报、缴纳的自动化处理,进一步提高税务合规的效率和准确性。

在监管日益严格的环境下,财务共享体系对于加强内部控制、防范舞弊风险也发挥着重要作用。共享平台通过对业务流程的梳理和优化,建立健全授权审批、职责分离等内控机制,从而有效防范业务环节中的舞弊行为。例如,通过设置合理的审批权限,明确各岗位的职责边界,可以避免一人身兼数职而导致的内控风险。共享中心还可以利用信息系统对异常交易进行实时监控和预警,第一时间发现可疑行为,防患于未然。定期组织开展内部审计和专项检查也能够及时查找内控缺陷和薄弱环节,持续完善内部控制体系。

四、支持企业战略决策

(一)丰富财务数据支持战略规划

丰富的财务数据是企业制定长远发展战略和进行战略调整的重要依据。在现代企业管理中,财务数据已不再局限于传统的会计核算和财务报表,而是涵盖了企业经营活动的方方面面。这些数据包括但不限于销售收入、成本费用、现金流量、资产负债等,反映了企业的财务状况、经营成果和现金流量等关键财务指标。通过系统收集、整理和分析这些数据,企业可以全面评估自身的财务健康状况,准确把握市场环境和行业趋势,为战略决策提供有力支撑。

财务数据能够帮助企业科学预测未来的市场需求和营收增长,合理配置内部资源,优化业务结构和产品布局。例如,通过对销售数据的深入挖掘,企业可以识别出最具盈利潜力的产品线和客户群体,进而聚焦资源,加大投入,实现精准营销和差异化竞争。又如,通过对成本费用数据的缜密分析,企业可以发现影响盈利的关键因素,采取有效措施控制成本,提升运营效率和利润水平。再如,通过对现金流量数据的动态监测,企业可以预警资金链风险,合理安排资金使用,保障企业的财务安全和可持续发展。

更重要的是,丰富的财务数据为企业的长远发展规划提供了坚实的决策基础。在制定发展战略时,企业需要综合考虑自身的资源禀赋、市场地位、竞争优势等多重因素。而财务数据则是连接这些因素的重要纽带,它客观反映了企业在不同领域的强项和短板,揭示了企业未来发展的机遇与挑战。通过系统梳理和深入分析财务数据,企业可以准确把握自身在行业竞争中的比较优势,找准战略定位和发展方向,制定切实可行的长远规划。例如,企业可以利用财务数据对不同业务板块的盈利能力进行评估,聚焦最具发展潜力的领域;又如,企业可以通过财务数据分析、识别出战略性新兴产业的投资机会,超前布局,抢占市场先机。

(二)效益分析和投资决策支持

财务共享体系中的效益分析和投资决策支持功能,为企业投资和扩张等重大决策提供了精准、可靠的数据支撑。通过集中化、标准化的财务数据处理和分析,财务共享中心能够及时、全面地掌握企业各业务单元的财务状况和经营成果,为企业管理层的决策提供翔实的依据。

在投资决策方面,财务共享体系可以通过建立投资项目数据库,综合运用敏感性分析、情景分析等方法,评估不同投资方案的可行性和收益风险。利用大数据技术,财务共享中心还能够挖掘和分析海量的内外部数据,识别投资机会,预测市场趋势,为企业的投资决策提供前瞻性的指引。通过这些分析,企业管理层可以更加全面、客观地权衡各种投资选择,规避潜在风险,实现投资回报的最大化。

在扩张决策方面,财务共享体系同样发挥着关键作用。企业在进行扩张决策时,需要对目标市场、目标企业进行详尽的尽职调查和财务评估。财务共享中心可以利用标准化的数据接口高效获取和整合并购目标的财务数据,并运用财务建模、估值分析等手段,揭示其真实的财务状况和盈利能力。同时,财务共享体系还能够模拟不同的并购方案,测算协同效应,评估整合成本,为企业的并购决策提供量化的依据,降低并购风险。

在投资和扩张项目实施过程中,财务共享体系还能够提供持续的监控和评估。通过预算管理和绩效考核,财务共享中心可以跟踪项目的实际进展和资金使用情况,及时发现偏差,提出改进措施。这种实时的财务管控可以确保投资和扩张项目按照预期推进,提高资金使用效率,保障预期收益的实现。

五、促进企业财务人员专业化发展

(一)打造多样化职业发展路径

财务共享服务体系为员工打造了多样化的职业发展路径,提供了丰富的岗位和转换机会。在传统的财务组织模式下,员工的职业发展通常局限于财务领域内部,晋升空间和跨部门流动机会较为有限;而财务共享服务体系打破了这一局限,为员工搭建起更加开放、灵活的职业发展平台。

财务共享服务中心通过集中处理财务业务实现了财务流程的标准化和专业化。这为员工提供了更多的专业化发展机会,他们可以在财务共享服务中心内部从事不同的专业岗位,如应收应付、资金管理、税务管理等,不断提升自己的专业技能和职业素养。财务共享服务中心还为员工提供了丰富的培训资源,帮助其掌握最新的财务知识和技能,为未来的职业发展奠定坚实基础。

除了专业化发展,财务共享服务体系还为员工提供了跨部门、跨领域发展的机会。财务共享服务中心作为企业内部的独立运营实体,与其他业务部门紧密协作,这为员工提供了接触不同业务领域、了解企业整体运营的机会。通过在财务共享服务中心的工作经历,员工可以积累丰富的业务知识和管理经验,为未来向业务部门或管理岗位转换做好准备。

此外,财务共享服务中心还为员工提供了向上晋升的机会。随着财务共享服务中心业务规模的不断扩大,对管理人才的需求也在不断增加。优秀的员工可以通过自己的努力逐步晋升为财务共享服务中心的管理者,甚至企业高层管理团队的一员。这为员工的长期职业发展提供了广阔的空间和上升通道。

(二)增进团队合作与交流

在财务共享服务模式下,团队合作与交流是提升整体工作效能和创新能力的关键。共享服务中心的建立打破了传统的部门壁垒,将分散在各个业务单元的财务人员集中到一起,形成一支高度专业化、服务导向的团队。在这种组织形态下,财务人员不再局限于单一的职能范畴,而是需要与其他领域的同事紧密合作,共同完成各项财务任务。这种跨部门、跨领域的协作模式对于优化资源配置、提高工作效率具有重要意义。

在共享服务团队中,每个成员都有明确的角色定位和职责分工。例如,有的人员专门负责应收账款管理,有的专注于税务筹划,有的则主要从事成本控制。这种专业化分工一方面提高了个人的工作效率,另一方面也为团队内部的协作创造了条件。当面临复杂的财务问题时,不同领域的专业人员可以各自发挥所长、集思广益,从多个角度提出解决方案。这种头脑风暴式的讨论不仅有助于问题的快速解决,更能激发成员的创新思维,产生出新颖独到的见解。

除了专业领域的协作外,共享服务团队还十分注重内部的沟通和交流。定期召开工作会议、开展团建活动等,都是增进团队凝聚力、促进信息共享的有效途径。通过这些活动,团队成员可以加深相互了解,建立起信任和默契。频繁、顺畅的沟通可以让每个人都能及时了解团队的工作进展,消除可能存在的信息不对称,从而更好地协调自身工作,提升整体效率。

与此同时,共享服务中心还为财务人员的能力提升和职业发展提供了广阔的平台。通过参与不同项目、承担不同角色,财务人员可以接触到更多样化的业务场景,获得更全面的技能训练。团队内部的经验分享、专业培训等也为个人能力的持续提升创造了条件。在这种环境下成长起来的财务人员不仅专业素养过硬,而且具备良好的协作精神和创新意识,能够更好地适应现代企业的发展需要。

第二章 智能技术在企业财务共享中的应用

第一节 人工智能技术在企业财务共享中的应用

一、智能财务机器人在企业财务共享中的应用

(一)自动化交易执行

自动化交易执行在企业财务共享中的应用为提升交易处理速度与准确性提供了强大助力。传统的财务交易处理流程往往涉及大量的人工操作,如数据录入、复核、审批等环节,不仅效率低下,而且容易产生错误;而智能化的自动交易执行系统能够通过预设规则和算法,自动完成交易的匹配、执行和确认,大幅缩短交易周期,提高处理效率。

1.实时捕获和处理财务交易数据

自动化交易执行系统可以实时捕获和处理海量的财务交易数据,并根据预定义的业务逻辑进行自动化处理。例如,在应收账款管理中,系统可以自动生成发票,向客户发送付款提醒,同时监控回款状态。一旦识别到逾期未付款的情况,系统即自动触发催收流程,发送催款通知。这种全自动化的运作模式能够最大限度地减少人为干预,确保交易的及时性和准确性。

2.有效防范财务风险

传统的人工处理模式难以实现全流程的监控和控制,存在较大的舞弊风险;而智能化系统则可以嵌入各种风控规则,对每一笔交易进行合规性检查。一旦发现异常情况,如超出授权额度、违反预算控制等,系统可以自动拦截并预警,从源头上遏制违规交易的发生。这种实时、智能化的风险管控能力为企业财务安全提供了坚实保障。

3.提升财务数据质量和可视化水平

传统的人工处理方式往往难以保证数据的一致性和及时性,不同系统、不同部门间的数据壁垒现象普遍存在;而智能化系统则可以连通数据孤岛,实现各业务系统间的无缝对接和数据共享。财务人员可以通过统一的平台实时查询和分析财务数据,并借助可视化工具生成直观的报表和仪表盘。这种数据驱动的财务管理模式为企业决策提供了有力支撑。

(二)记账与财务报告自动化

记账与财务报告自动化是人工智能技术在企业财务共享中应用的重要场景之一。传统的记账和财务报告流程往往依赖人工操作,容易出现错误和延迟,影响财务数据的准确性和及时性。而引入智能自动化技术则可以显著提升记账和报告的效率与质量,为企业财务管理和决策提供更加可靠的数据支持。

记账自动化技术通过机器学习算法和自然语言处理技术,实现了财务凭证的自动识别、分类和录入。智能系统可以从纸质或电子票据中提取关键信息(如交易日期、金额、对方信息等)并根据预设规则自动进行会计分录。这一过程大大减少了人工录入的工作量,提高了记账效率。同时,自动化记账还能够降低人为错误率(如漏记、错记、重复记账等),保障账务处理的准确性。

在财务报告自动化方面,人工智能技术可以根据记账数据自动生成各类财务报表,如资产负债表、利润表、现金流量表等。传统的财务报告编制过程烦琐耗时,需要财务人员手工整理数据、计算指标、填写报表,而智能化的报告系统则可以实现一键生成,大幅缩短报告周期。此外,自动化报告还可以根据管理者的需求灵活设置报告模板和指标体系,提供个性化、多维度的数据分析,为企业决策提供更加全面、及时的信息支持。

记账与报告自动化不仅能够提升财务工作效率,节约人力成本,而且能够强化企业的财务管控能力。在传统的人工记账和报告模式下,财务数据的时效性较差,难以对企业的财务状况进行实时监测和预警。而借助自动化技术,财务系统可以对关键指标设置预警阈值,及时发现和处置异常情况,有效防范财务风险。自动化还可以减少人工录入和处理数据的机会,降低舞弊和操纵的可能性,提高财务信息的可靠性。

(三)客户服务与咨询自动化

在企业财务共享体系建设中,客户服务与咨询自动化应用正成为提升客户满意度和服务效率的重要途径。随着人工智能技术的不断发展,智能客服机器人、自然语言处理、知识图谱等前沿技术为财务共享服务中心的客户服务与咨询工作带来了革命性变革。

智能客服机器人能够 7×24 小时不间断地为客户提供标准化、个性化的咨询服务,显著提升客户服务的时效性和便捷性。通过自然语言理解技术,智能客服机器人可以准确理解客户的咨询意图,快速匹配相关知识库,并给出专业、贴切的答复。同时,机器人还能够根据客户的历史咨询记录和行为特征主动推送个性化的财务信息和服务,提供更加精准、周到的服务体验。这种"主动式"服务模式能够有效提升客户黏性,培养客户忠诚度。

除了智能客服机器人,自然语言处理技术在财务共享服务中心的客户服务与咨询工作中也发挥着关键作用。通过对海量的客户咨询语料和财务知识库进行深度学习和语义分析,自然语言处理系统能够自动归类整理客户咨询问题,挖掘热点话题和潜在需求,并基于知识图谱技术构建起完善的财务知识库体系。这不仅能够显著提高客服人员的工作效率,减少重复性劳动,还能够保证咨询答复的专业性、一致性和及时性。

客户服务与咨询自动化还有助于优化财务共享服务中心的运营管理。通过智能客服系统记录的海量客户互动数据,管理者能够洞察客户需求动态,发现服务短板,并据此优化服务流程、改进服务质量。客户服务数据还可以与财务数据相结合,助力企业进行精准营销、风险管控等决策分析。由此可见,客户服务与咨询自动化不仅是提升客户体验的利器,更是助推财务共享服务价值创造的新引擎。

二、机器学习算法在企业财务共享中的应用

(一)风险管理与评估

机器学习算法在企业财务共享中的风险管理与评估方面发挥着日益重要的作用。随着大数据时代的到来,企业面临的财务风险日益复杂多变,传统的风险

管理模式已难以满足现代企业的需求。机器学习凭借强大的数据处理和预测能力为企业财务风险的预测和防范提供了新的思路和方法。

机器学习算法能够从海量的财务数据中自动提取隐藏的模式和规律,构建精准的风险预测模型。通过对历史数据的深度挖掘和学习,机器学习算法可以识别出导致财务风险的关键因素,并量化不同因素对风险的影响程度。这种数据驱动的风险识别方法远超传统经验判断的准确性和效率,使企业能够更全面、更细致地评估潜在的财务风险。

在财务欺诈检测方面,机器学习算法展现出卓越的性能。欺诈行为通常隐藏在大量正常交易之中,人工排查难度极大。运用机器学习算法,可以从交易数据中自动发现异常模式,如金额、频率、时间等维度的反常变化,及时拉响欺诈警报。一些先进的算法(如深度学习神经网络)能够从高维数据中学习到更加抽象和复杂的欺诈特征,极大提升了欺诈识别的准确率和召回率。

机器学习算法还可应用于财务风险的量化评估与预警。通过对企业内外部环境数据的综合分析,机器学习算法能够刻画企业所面临的系统性风险,并对不同风险事件的发生概率和影响程度进行预测。这为企业风险管理提供了量化依据,有助于制定与风险相匹配的管控策略。同时,实时的风险预警有利于企业快速应对风险,将财务损失降到最低。

在资金管理领域,机器学习算法同样大有可为。现金流预测是财务管理的重要环节,直接关系到企业的资金安全和运营效率。运用机器学习算法技术,可以建立动态的现金流预测模型,综合考虑销售、采购、投资等多方面因素,准确预估未来一段时间的现金流状况,为资金的合理调配提供依据。优化资金安排不仅能提高资金使用效率,降低资金成本,还能预防由资金短缺引发的财务风险。

(二)自动化财务流程优化

机器学习算法在企业财务共享中的应用为财务流程优化提供了新的可能。传统的财务流程往往存在效率低下、成本高昂等问题,而机器学习算法则能够通过对海量财务数据的分析和挖掘,找出流程中的瓶颈和改进空间,从而为财务流程优化提供科学依据。

1.帮助企业识别财务流程中的异常情况

通过对历史财务数据的学习和建模,机器学习算法可以自动发现那些偏离正常模式的交易或行为,如重复支付、虚假报销等,并及时向财务人员发出预警。这不仅能够有效防范财务风险,还能够减少人工审核的工作量,提高财务流程的效率。

2.助力企业优化资源配置

通过对资金流动、成本支出等财务数据的分析,机器学习算法可以预测企业未来一段时间的资金需求,并根据预测结果自动调整资金调度策略。这种数据驱动的资源配置方式能够最大限度地提高资金使用效率,减少闲置资金,为企业节约大量成本。

3.账单自动分类和识别

在传统的财务流程中,账单的分类和录入往往需要耗费大量人力,而且错误率较高。通过机器学习,特别是深度学习技术,财务系统可以自动识别并提取账单中的关键信息,如金额、日期、购买内容等,并根据预设规则自动进行分类和记账。这不仅能够大幅提高账务处理效率,还能够最大限度地减少人为错误。

三、自然语言处理技术在企业财务共享中的应用

(一)增强财务报表的可读性与可理解性

自然语言处理技术在企业财务共享中的应用为财务报表的生成和解读开辟了新的空间。财务报表作为企业财务状况和经营成果的重要体现,其可读性和可理解性直接影响着管理层和投资者等利益相关方的决策质量。传统的财务报表往往以大量数字和专业术语为主,对于非财务背景的人员来说难以理解和利用。而自然语言处理技术的引入使得财务报表的自动摘要和解释成为可能,大大降低了财务信息的理解门槛,提升了财务报表的价值。

通过自然语言处理技术,财务共享中心可以自动生成财务报表的文本摘要,提炼关键财务指标和变动趋势,用通俗易懂的语言描述企业的财务状况和经营成果。这种自动摘要不仅能够节省财务人员的时间和精力,而且能够保证摘要的专业性和准确性,避免人工摘要的主观性和差异性。同时,针对不同的利益相关方,自然语言处理技术还可以生成个性化的财务报表解读,满足不同角色的信息需

求。例如,面向高层管理者的报表解读可以重点分析关键财务指标与战略目标的关联,提供决策参考;而面向普通员工的报表解读则可以着重阐释财务数据对个人利益的影响,增强组织的透明度和凝聚力。

自然语言处理技术在财务报表解释方面的应用还体现在对财务数据的深度挖掘和关联分析。海量的财务数据蕴藏着丰富的业务认知和优化机会,但传统的人工分析难以全面挖掘其中的价值,而自然语言处理技术可以通过机器学习算法自动发现财务数据之间的关联规律和异常模式,生成专业的分析报告和优化建议。例如,通过对销售数据和存货数据的关联分析,自然语言处理技术可以及时发现产品滞销风险,并提出调整策略;通过对应收账款数据和客户信用数据的关联分析,自然语言处理技术可以预警坏账风险,并提出风险防范措施。这种数据驱动的财务分析和决策支持,将极大地提升企业财务管理的前瞻性和精准性。

此外,自然语言处理技术在财务报表解释中的应用还有助于提升财务信息的可视化水平,为管理层和投资者等利益相关方提供更直观、更易理解的财务分析工具。传统的财务报表多以表格形式呈现,数据密集且缺乏可视化效果,难以快速洞察关键信息;而自然语言处理技术可以将财务数据转化为图表、图像等可视化元素,配合生动形象的文字解释,使财务信息更加一目了然,便于利益相关方快速把握企业的财务状况和经营成果。例如,通过自然语言处理技术生成的财务指标趋势图和同行业对比图,管理层可以直观地了解企业的发展态势和市场地位;通过自然语言处理技术生成的业务部门经营状况雷达图,管理层可以快速找出经营短板和优化重点。

(二)交互式查询系统

交互式查询系统在企业财务共享中的应用,旨在简化财务信息的查询和访问,提升财务数据的可用性和透明度。随着企业数字化转型的深入推进,海量的财务数据不断积累,传统的信息检索方式已难以满足企业管理者和决策者的需求。因此,建立高效、智能的交互式查询系统已成为财务共享服务中心的重要任务和发展方向。

交互式查询系统的核心在于利用自然语言处理技术实现人机对话式的信息检索。用户无须掌握复杂的检索语法和数据库结构,只需用自然语言提出问题,系统就能智能解析查询意图,快速定位相关数据,并以直观友好的方式呈现结果。这种"类人化"的交互方式大大降低了财务信息查询的门槛,使得企业各层级的管理者都能便捷地获取所需数据,及时洞察业务状况,做出科学决策。

从技术实现层面来看,交互式查询系统通常采用语义分析、知识图谱等先进的人工智能技术。系统先对企业财务数据进行语义建模,提取关键概念及其关联,构建起反映财务业务逻辑的知识库。在此基础上,系统利用深度学习算法不断训练和优化查询意图理解模型,准确把握用户需求。系统还会根据用户的角色、权限等因素,动态调整检索策略和结果呈现方式,以期最大限度地满足个性化需求。

在具体应用场景中,交互式查询系统可以让企业管理者用自然语言提问,快速获取销售额、现金流、预算执行等关键财务指标,全面把控企业的财务健康状况。对于业务部门人员,系统可以帮助他们轻松查询项目预算、资金使用情况等,从而优化资源配置,控制成本风险。而对于审计、合规等特定领域,系统则可以通过数据关联分析,高效识别异常交易,预警潜在风险,为企业经营保驾护航。

交互式查询系统在提升财务数据洞察力的同时,也能显著改善企业内部的信息共享和协作水平。通过连通数据孤岛,建立统一的数据服务平台,财务共享中心可以更好地支撑业务部门的精细化管理,为企业高质量发展提供有力支撑。而系统积累的用户查询行为数据也为持续优化企业管理提供了宝贵的经验和启示。

四、智能决策支持系统在企业财务共享中的应用

(一)财务规划与预算编制

财务规划与预算编制是智能决策支持系统在企业财务共享中的重要应用场景。传统的财务规划与预算编制过程往往耗时长、效率低,难以及时响应市场变化和企业战略调整,而智能决策支持系统的引入为加速这一过程、优化资源配置提供了新的可能。

智能决策支持系统基于大数据分析和机器学习算法,能够快速处理海量财务数据,挖掘其中蕴藏的有价值的信息。通过对历史数据的深度学习,系统可以识别财务指标之间的内在联系,准确预测未来走势。这种数据驱动的决策方式能够显著提升财务规划的科学性和前瞻性。相比人工编制,系统生成的财务预测更加客观中肯,能够尽可能排除主观偏差的干扰。

在预算编制方面,智能决策支持系统可以根据企业发展战略和市场环境变化

实时调整预算方案。传统的年度预算编制方式难以适应当下瞬息万变的商业环境，而频繁的人工调整又耗费大量时间和人力。智能系统则能够持续监测内外部环境变化，依据最新数据和调整后的预测动态优化预算方案。这种灵活的预算编制模式有助于企业快速把握市场机遇，实现资源的最优配置。

智能决策支持系统还能够通过情景模拟和敏感性分析为财务决策提供多角度支持。财务管理者可以在系统中设置不同的情景参数，模拟各种决策方案的财务结果。系统会评估每个方案的风险与收益，并给出量化的分析报告。这种"假设—验证"的决策模式能够最大限度规避决策风险，为管理层提供可靠的参考依据。

(二)税务决策支持

税务决策支持系统是智能技术在企业财务共享中的重要应用之一，它通过整合企业内外部的税务数据，利用大数据分析和机器学习算法，为企业的税务规划和合规性管理提供精准、高效的决策支持。这不仅有助于降低企业的税务风险，优化资源配置，而且能够为企业创造显著的经济效益。

从税务规划的角度来看，税务决策支持系统能够全面盘点企业的财务状况，分析各项业务的税务影响，评估不同税务方案的成本和收益，从而为企业制定最优的税务规划方案提供依据。通过系统的情景模拟和敏感性分析，企业可以预测不同决策的税务后果，选择能够最大限度地节税避险的方案。同时，税务决策支持系统还能够持续跟踪税收政策的变化，及时调整企业的税务策略，确保税务规划的前瞻性和有效性。

从保证合规性的角度来看，税务决策支持系统可以自动识别企业财务数据中的税务风险点（如错误的税务处理、不合规的发票管理等），并给出相应的预警和整改建议。这种实时的风险监控能够帮助企业及时发现并纠正税务问题，规避由违规引发的罚款、诉讼等。此外，税务决策支持系统还能够自动生成符合规定格式的纳税申报表，确保申报数据的准确性和一致性，大幅降低由人工处理导致的差错风险。

值得一提的是，税务决策支持系统的应用效果在很大程度上取决于数据质量和算法模型的先进性。一方面，企业需要建立规范的财务数据管理体系，确保税务数据的完整性、准确性和及时性，为系统分析提供高质量的数据支撑。另一方面，税务决策支持系统需要不断更新和优化算法模型，引入最新的人工智能技术，提高税务分析的深度和广度,为企业提供更加精准、全面的决策参考。

(三)投资评估与管理

投资评估与管理在智能决策支持系统中扮演着至关重要的角色。随着大数据时代的到来,企业面临的投资机会日益增多,传统的投资决策模式已难以满足企业发展需求。智能决策支持系统利用机器学习算法和海量数据为企业提供更加精准、高效的投资评估与管理服务,帮助企业优化资源配置,把握投资机遇,提升投资收益。

智能决策支持系统通过对企业内外部数据的综合分析建立起完善的投资评估指标体系。这一体系涵盖了财务指标、市场指标、风险指标等多个维度,能够全面评估投资项目的可行性和盈利能力。例如,系统可以通过分析企业的资产负债表、现金流量表等财务数据,评估企业的财务健康状况和投资承受能力;通过分析行业趋势、市场需求等外部数据,预测投资项目的市场前景;通过分析政策风险、技术风险等因素,评估投资项目的潜在风险。基于大数据的多维度分析,智能决策支持系统能够为企业提供更加全面、客观的投资决策依据。

在投资管理方面,智能决策支持系统可以实现投资过程的实时监控和动态优化。系统通过持续追踪投资项目的关键指标,如进度、成本、收益等,及时发现潜在问题并提出优化建议。当外部环境或内部条件发生变化时,系统还能够灵活调整投资策略,确保投资项目始终处于最优状态。例如,当市场需求发生变化时,系统可以及时调整产品结构和投资比例;当技术发生重大突破时,系统可以建议企业加大相关领域的投资力度。智能决策支持系统的实时监控和动态优化功能有助于企业提高投资管理的精细化水平,降低投资风险,提高投资回报。

第二节　大数据技术在企业财务共享中的应用

一、大数据技术在企业财务数据采集中的应用

(一)数据采集方法的创新

大数据技术正在深刻影响企业财务共享的数据采集方法,推动数据采集方法

向自动化、实时化方向发展。传统的财务数据采集主要依赖人工录入、纸质单据扫描等方式,存在效率低、准确性差、实时性不足等问题。而大数据技术的应用,使得财务数据采集实现了从手工到自动、从事后到实时的重大变革。

基于大数据的 ETL(Extract-Transform-Load)工具,能够自动从 ERP、CRM 等业务系统中提取结构化数据,并进行"清洗"、转换和加载,大大提高了数据采集的自动化水平。RPA 技术可以模拟人工操作,自动登录业务系统,抓取数据,填写表单,将财务数据采集过程实现软件自动化。OCR 技术可以将纸质发票、报销单等非结构化数据智能识别为结构化信息,减少了手工录入环节。移动互联网、物联网等新兴技术广泛应用,也为企业财务数据的自动采集提供了更多可能。

在大数据环境下,企业可以通过多渠道实时采集内外部数据,构建起更加全面、动态的数据资源。财务共享中心能够实时获取业务系统中的销售、采购、库存等数据,财务人员无须等待业务部门提供数据,极大提升了数据获取的时效性。此外,非结构化数据(如社交媒体评论、用户行为日志等)也可纳入财务分析的范畴,为企业价值创造提供新的视角。数据采集维度的延展为财务人员洞察业务全貌、优化资源配置、支持管理决策奠定了数据基础。

(二)数据源的多样化与整合

随着信息技术的迅猛发展,企业数据呈现出爆炸式增长的趋势。面对海量、多源、异构的数据,传统的数据管理方式已难以满足企业财务共享的需求。大数据技术的兴起为解决这一难题提供了新的思路和方法。企业应积极拥抱大数据时代,创新财务共享模式,实现数据源的多样化与整合,构建综合数据分析环境。

数据源的多样化是大数据时代财务共享的显著特征。除了传统的结构化数据(如财务报表、销售记录等),企业还需要整合各种非结构化数据,如社交媒体评论、客户反馈、市场趋势报告等。这些异构数据蕴含着丰富的商业价值,能够为财务决策提供更全面、更准确的参考依据。然而,多样化的数据源也给数据管理带来了挑战。不同来源、不同格式的数据如何有效整合,形成一个统一、连贯的数据视图是企业必须面对的现实问题。

大数据技术为数据源的整合提供了有力支撑。通过构建数据湖等先进的数据架构,企业可以将各类异构数据汇聚到一个统一的平台,实现数据的集中管理和存储。在此基础上,企业可以运用 ETL 等数据集成技术,将不同来源的数据进行"清洗"、转换和加载,连通数据孤岛,形成一个全面、一致的数据资产。数据整合不仅能够提高数据管理的效率，减少重复劳动，更为数据分析和挖掘奠定了坚实基础。

数据源多样化与整合的最终目的是构建综合数据分析环境，为财务共享决策提供有力支撑。在大数据时代，单一维度的数据分析已难以满足企业的需求。财务人员需要从多个角度、多个层面审视数据，洞察背后的商业逻辑和趋势。因此，企业需要搭建一个集数据存储、计算、分析、可视化于一体的综合数据平台。该平台应具备强大的数据处理能力，能够快速响应复杂的分析需求；同时，应提供友好的人机交互界面，允许财务人员自助式探索数据。只有构建起这样一个高效、灵活、易用的综合数据分析环境，才能真正发挥大数据在财务共享中的价值，为企业决策提供有力支撑。

二、大数据技术在企业财务数据分析中的应用

(一)高效数据处理框架

大数据技术的快速发展为企业财务数据处理带来了新的机遇和挑战。传统的财务数据处理方式已难以满足企业日益增长的数据处理需求，亟须引入高效的数据处理框架，以加快财务数据处理速度，提升财务管理效率。构建高效的财务大数据处理框架，需要从数据采集、存储、计算等多个环节入手，综合运用分布式计算、内存计算、流计算等先进技术，实现财务数据处理的高效化、实时化和智能化。

在数据采集环节，企业需要建立完善的数据采集机制，通过多渠道、多形式的方式获取财务数据，如接入 ERP 系统、CRM 系统等企业内部数据源，整合银行对账单、发票等外部数据。同时，要注重数据质量的把控，通过数据"清洗"、数据转换等预处理操作确保数据的准确性、完整性和一致性。

在数据存储环节，传统的关系型数据库已难以应对海量财务数据的存储需求。因此，企业需要引入大数据存储技术，如 Hadoop 分布式文件系统(HDFS)、非关系型数据库(NoSQL)等，实现财务数据的分布式存储和管理。这不仅可以有效解决数据存储容量不足的问题，还能通过数据冗余和备份机制，提高数据存储的可靠性和可用性。

在数据计算环节，引入大数据处理框架可以显著提升财务数据处理效率。例

如,Hadoop MapReduce 是一种基于分布式计算的大数据处理框架,它可以将大规模数据集分割成若干个小数据集,分配到多个计算节点上并行处理,最终将计算结果汇总输出。这种"分而治之"的处理模式可以充分发挥集群的计算能力,加快复杂财务数据处理的速度。再如,Spark 内存计算框架利用内存缓存技术将中间计算结果缓存到内存中,避免了频繁的磁盘 I/O 操作,进一步提高了数据处理性能。此外,流计算框架(如 Storm,Flink 等)可以对实时产生的财务数据进行连续计算,实现数据处理的实时性和准确性。

(二)预测性分析

财务预警系统是企业财务风险管理的重要工具,而大数据技术的应用为构建高效、精准的财务预警系统提供了新的途径。随着企业经营环境日趋复杂,传统的财务预警模型已难以满足企业风险管理的需求。大数据技术凭借海量数据处理和深度挖掘的能力,从企业内外部海量异构数据中发现潜在的风险因子,并通过机器学习算法构建动态适应的预警模型,从而大大提升财务预警的及时性和准确性。

在大数据环境下,财务预警系统的数据来源更加广泛和多元化。除了传统的财务数据,财务预警系统还可以整合企业经营数据、市场数据、舆情数据等非结构化数据,形成全面立体的数据分析视角。通过大数据关联分析,可以深入挖掘数据相关性,发现隐藏在复杂数据背后的风险信号,实现风险的早期预警和实时监测。例如,通过分析企业的销售数据、库存数据、资金流数据等,可以及时发现市场需求变化、产品积压、资金链紧张等风险征兆,为企业的财务决策提供有力支撑。

基于大数据的财务预警系统还能够实现风险的智能识别和分级预警。传统的财务预警往往依赖人工设定的静态阈值,难以适应企业经营环境的动态变化。而大数据分析技术可以通过机器学习算法,不断优化预警模型的参数和规则,自动识别出与企业财务风险相关的关键指标,并根据风险的严重程度进行分级预警。一旦检测到重大风险信号,系统可以自动触发预警,并向相关决策者推送风险报告,使其能够及时采取应对措施,将财务风险的负面影响降到最低。

大数据驱动的财务预警系统不仅能够提升风险识别的精准性,还能够实现风险的可视化呈现和实时监控。通过数据可视化技术,财务风险的发展趋势、传导路径、影响范围等都能够以直观易懂的方式展现出来,便于管理者快速理解和把据风险全貌。同时,系统还可以对关键风险指标进行实时监测和预警,一旦发现异常波动,即可自动生成风险预警信号,为风险的及时处置争取宝贵时间。

三、大数据技术在企业财务风险控制中的应用

(一)风险识别的精准化

大数据技术为企业财务风险识别带来了革命性的突破。传统的风险识别方法往往依赖人工经验和有限的数据样本,难以及时发现潜在的风险隐患;而大数据技术则可以通过海量数据的采集、存储和分析实现对财务风险的全面监测和预警。

首先,大数据技术拓宽了财务风险数据的采集渠道。除了结构化的财务数据,非结构化数据(如邮件、合同文本、客户评价等)也成为风险识别的重要信息源。这些多元异构的数据为企业提供了更全面、更立体的风险画像,有助于从多角度揭示潜在风险。

其次,大数据的实时处理能力使风险识别更加及时高效。传统方法需要较长的数据收集和处理周期,风险警示往往滞后;而大数据平台可以实现数据的实时采集、"清洗"和分析,使风险信号能够被快速捕捉和响应,大大缩短了风险识别的时间窗口。

另外,机器学习算法等人工智能技术赋予了大数据风险识别更强的智能性。机器学习算法可以在海量数据中自主发现隐藏的风险特征和规律,构建起高效准确的风险预测模型。这些模型可以自动甄别异常交易、识别舞弊行为,为风险防控提供智能决策支持。

(二)风险评估的准确性

大数据技术在风险评估中发挥着不可忽视的作用,能够显著提升风险量化分析的准确性和科学性。传统的风险评估方法往往依赖经验判断和主观估计,难以全面考虑影响因素,容易产生偏差;而大数据技术则通过海量数据的采集、存储和分析,为风险评估提供了更加客观、精准的依据。

1. 实现数据的全面采集和整合

财务风险评估涉及企业内外部的诸多因素,如财务指标、市场环境、行业趋势

等。通过大数据平台,企业可以高效采集和汇聚分散在各个系统、部门乃至外部的相关数据,形成完整、准确的数据基础。这为全面分析风险因素、准确评估风险水平奠定了坚实基础。

2.显著提升风险量化分析的深度和广度

海量数据为应用复杂的统计学模型和机器学习算法提供了可能。通过数据挖掘和机器学习,企业能够从纷繁复杂的数据中发现隐藏的风险特征和规律,实现风险的精准刻画和量化评估。例如,通过对历史财务数据、市场数据的深入分析,可以建立多维度的风险预警模型,及时捕捉潜在的风险信号。

3.实现动态更新和实时预警

在快速变化的商业环境中,风险因素往往呈现出动态多变的特点。传统的风险评估方法难以适应这种变化,容易滞后于风险事件的发生。而借助大数据平台,风险评估可以做到实时更新、动态调整。通过持续获取和分析内外部数据,风险模型能够自动学习和优化,及时捕捉环境变化带来的新风险,从而大大提高风险预警的时效性。

4.为情景分析和压力测试提供有力支撑

基于海量的历史数据和丰富的外部数据,企业可以模拟各种极端情景,评估其对财务状况的影响,从而优化风险应对预案,提高风险防范的前瞻性和有效性。这对于应对"黑天鹅"事件、确保企业财务安全具有重要意义。

(三)风险预防及应对策略

在大数据时代,企业财务风险管理面临着新的机遇和挑战。传统的风险识别与预警机制已难以适应海量数据的处理需求,亟须引入大数据技术予以革新。大数据凭借规模庞大、类型多样、处理迅速等特点为企业财务风险管理提供了强大的技术支撑。

运用大数据技术,企业可以实现对财务数据的全方位采集和整合,连通数据孤岛,构建统一的数据平台为全面识别潜在的财务风险奠定基础。通过对海量财务数据进行存储、"清洗"和分析,大数据技术能够从纷繁复杂的数据中发现隐藏的风险因子,如异常的资金流向、不合理的财务指标波动等,从而实现风险的早发现、早预警。

在风险评估方面,大数据技术可以通过机器学习算法建立风险量化模型,对不同风险事件的影响程度和发生概率进行科学评估。相比传统的定性分析方法,大数据驱动的风险评估更加精准和客观,能够为企业提供可靠的决策参考。基于风险量化分析的结果,企业可以合理配置风险管理资源,有的放矢地开展风险应对。

大数据还为企业财务风险的动态监测和实时预警提供了有力工具。企业可以通过金融风控模型对财务数据进行持续监测,及时捕捉异常波动和风险信号。当风险指标超出预设阈值时,系统可以自动发出预警,提示管理者采取应对措施。这种实时性的风险监测和预警机制大大提高了企业风险管理的前瞻性和时效性。同时,大数据技术的应用也促进了企业内外部数据的融合与协同。通过整合内部财务数据和外部环境数据,企业能够更全面地洞察风险形势,预判风险事件对经营的影响。例如,结合宏观经济形势、行业动态、市场波动等外部数据,企业可以识别出潜在的系统性风险,提前制定应对预案。

四、大数据技术在企业财务决策支持中的应用

(一)决策模型的大数据优化

决策模型的大数据优化是提高财务决策数据透视力的关键。随着大数据技术在企业财务共享中的广泛应用,传统的财务决策模型已经难以满足企业对精准、高效决策的需求。大数据优化决策模型意味着从海量的财务数据中挖掘出隐藏的价值,为企业决策提供更加全面、细致的数据支撑。这不仅能够极大提升财务决策的科学性和准确性,而且能够增强企业应对复杂市场环境的能力,推动企业实现可持续发展。

大数据优化决策模型主要体现在以下几个方面。

(1)大数据技术能够实现财务数据的全面整合。企业财务数据通常分散在不同的业务系统和财务模块中,数据格式各异,缺乏统一标准。大数据技术通过数据"清洗"、转换、集成等一系列处理,将分散的数据整合到统一的平台上,形成结构化、标准化的数据资源库。这为后续的数据分析和决策应用奠定了坚实基础。

(2)大数据分析工具能够深入挖掘财务数据的内在规律和相关性。传统的财

务分析往往局限于描述性统计和简单的因果分析,难以揭示数据背后复杂的关联模式。而大数据分析工具(如数据挖掘、机器学习等)能够从海量数据中自动识别有价值的模式和规律,发现隐藏在数据背后的关键影响因素。这种深层次的数据洞察,能够为企业决策提供更加精准、全面的依据。

(3)大数据驱动的预测分析能力可以显著提升财务决策的前瞻性。在复杂的市场环境下,企业需要基于对未来的预判做出决策。传统的财务预测主要依赖历史数据的趋势外推,难以应对黑天鹅事件带来的冲击。大数据预测分析利用机器学习算法,通过海量历史数据的训练,构建起强大的预测模型。这些模型能够更加准确地预测未来的市场走势、财务风险等,为企业决策提供超前的指引。

(4)大数据可视化技术让财务数据更加直观易读。繁杂的数字和报表通常令决策者难以快速理解数据的含义,影响决策效率。大数据可视化通过图表、仪表盘等形象化的展现方式将抽象的数据转化为直观的视觉形式。决策者可以通过交互式的可视化界面,迅速洞察数据背后的关键信息,及时做出反应。

(二)战略规划与预算管理

大数据技术作为智能技术的重要支柱,为企业财务共享模式的创新和变革提供了强大的技术基础。大数据赋能企业财务宏观规划,有助于提升战略规划和预算管理的科学性和有效性。通过大数据技术的应用,企业能够更全面、更精准地洞察内外部环境,识别关键驱动因素和风险点,从而制定更加合理、可行的发展战略和目标。大数据还能优化企业的资源配置,提高预算编制的精细化水平,实现动态、实时的预算管控。

在战略规划层面,大数据技术可以帮助企业收集和分析海量的内外部数据,包括宏观经济形势、行业发展趋势、市场竞争格局、客户需求变化等。通过对这些数据的深入挖掘和分析,企业能够更加全面、准确地把握自身优势和劣势,识别潜在的机遇和威胁,从而制定出更加符合实际、具有前瞻性的发展战略。大数据技术还能够帮助企业进行情景模拟和敏感性分析,测试不同战略方案的可行性和风险,为战略决策提供数据支撑。

在预算管理方面,大数据技术的应用可以显著提升预算编制的科学性和精细化水平。传统的预算编制往往依赖历史数据和经验判断,存在主观性强、精度不足的问题。大数据技术能够整合企业内外部的各类数据,包括财务数据、业务数据、市场数据等,通过机器学习算法和预测模型对未来的收入、成本、现金流等关键财务指标进行更加精准的预测。这不仅能够提高预算编制的效率,还能够增强预算的可靠性和合理性。

(三)动态监控与实时反馈

随着企业经营环境日益复杂和竞争日益激烈,财务管理面临着前所未有的挑战。传统的财务管理模式已难以适应新形势下企业发展的需要,亟须转型升级。在这一背景下,大数据技术的兴起为企业财务管理变革提供了新的路径和可能。将大数据技术应用于财务业绩评价能够实现对企业经营状况的动态监控和实时反馈,为企业决策提供有力支撑。

大数据技术具有海量性、多样性、时效性等特点,能够快速处理和分析企业生产经营过程中产生的海量数据,挖掘其中蕴含的价值。在财务业绩评价中,运用大数据技术可以实现对企业财务指标的实时监测和动态跟踪。当关键指标出现异常波动时,通过设置预警阈值,系统能够自动发出警示,提醒管理者及时采取应对措施。这种基于数据的实时监控和预警机制有助于企业及时发现问题,防患于未然。

大数据技术还能够实现对企业财务数据的多维度、立体化分析。传统的财务分析往往局限于对历史数据的静态呈现,难以全面反映企业的真实经营状况。而运用大数据技术,可以从收入、成本、现金流、资产负债等多个维度对财务数据进行综合分析,揭示其内在联系和变化趋势。通过数据可视化技术将分析结果以直观、易懂的方式呈现出来,为管理者提供全景式的决策参考。

更为重要的是,大数据技术支持下的财务业绩评价能够实现与业务的深度融合。财务数据并非孤立存在,而是业务活动的直接反映。运用大数据技术,可以将财务数据与销售、采购、生产等业务数据进行关联分析,揭示业务活动对财务业绩的影响机制。这种融合分析不仅能够帮助企业及时调整经营策略,优化资源配置,还能够为业务流程的再造和优化提供决策依据。

五、大数据技术在企业财务报告生成中的应用

(一)自动化报告生成

在企业财务共享体系中,自动化财务报告生成技术的应用正日益受到重视。

传统的财务报告编制流程往往耗时耗力，难以满足企业管理层对及时、准确财务信息的需求。自动化报告生成技术的引入，有望从根本上提升财务报告编制的效率和质量，为企业决策提供更加有力的数据支撑。

自动化财务报告生成的核心是通过信息技术手段将财务数据的提取、加工、分析和呈现等环节进行集成和优化。这一过程通常包括以下几个步骤：首先，系统根据预设的业务规则和模板，从各个业务系统和财务系统中自动提取相关数据；其次，系统按照统一的格式和标准对数据进行"清洗"和转换，确保数据的准确性和一致性；再次，系统利用大数据分析、机器学习等技术对财务数据进行深入挖掘和综合分析；最后，系统根据分析结果自动生成包括财务报表、分析报告等在内的各类财务报告，并以图表、文字等形式直观地呈现给管理层。

自动化报告生成技术的应用能够显著提升财务报告编制的效率。在传统的人工编制模式下，财务人员需要花费大量时间和精力从不同系统中提取数据、核对数据，以及制作报表等。而通过自动化技术，这些烦琐的工作都可以由系统自动完成，财务人员只需进行必要的复核和调整，就能快速生成高质量的财务报告。据统计，引入自动化报告生成技术后，企业财务报告的编制时间可以缩短60%以上，大大提高了财务工作效率。

自动化报告生成技术还能够提升财务报告的准确性和可靠性。在传统的人工编制模式下，由于数据来源多样、口径不一，加之人为错误等因素影响，财务报告出现偏差和错误的风险较高。而自动化报告生成系统通过预设的业务规则和数据标准，能够在数据采集和处理环节自动识别和纠正错误，确保财务数据准确无误。此外，系统还可以利用内置的逻辑校验功能自动检查报告内容的逻辑合理性，避免出现前后矛盾、数据不一致等问题，从而提高了财务报告的可靠性。

自动化报告生成技术的应用，还为企业管理层提供了更加丰富、及时的财务决策支持。传统的财务报告往往侧重于反映企业的财务状况和经营成果，对于深层次的业务运营情况和未来趋势分析涉及较少。而自动化报告生成系统可以充分利用大数据分析、可视化展现等技术手段，从多角度、多维度对财务数据进行挖掘和呈现。例如，系统可以自动生成反映企业不同业务线、不同区域市场经营情况的专题分析报告，帮助管理层及时把握业务动向；又如，系统可以对历史财务数据进行回溯分析，准确识别影响企业业绩的关键因素，为优化业务流程、控制财务风险提供依据。通过这些个性化、专业化的财务分析报告，企业管理层能够更加全面、深入地了解企业运营状况，做出更加科学、及时的经营决策。

(二)可视化分析报告

可视化分析报告在现代企业财务共享中扮演着越来越重要的角色。随着大数据时代的到来,企业面临着海量、多样化的财务数据,传统的报表形式已经难以满足管理者快速洞察业务状况、进行科学决策的需求。可视化分析报告凭借直观、生动、易于理解的特点为财务数据的深度挖掘和价值呈现提供了有力工具。

(1)可视化分析报告能够将枯燥、抽象的数字转化为形象、生动的图表,使财务信息更加直观易懂。通过条形图、折线图、饼图等多种图表形式,管理者可以一目了然地把握企业的收入构成、成本变动、利润走势等关键财务指标,快速诊断出经营中的问题和风险。同时,数据可视化还能够揭示出数据背后的趋势和规律,帮助管理者发现潜在的业务机会,为战略决策提供参考。

(2)可视化分析报告有助于提高财务信息的吸引力和感染力。单调乏味的数据表格往往难以引起管理者的兴趣和重视,而生动形象的可视化图表则能够有效地吸引眼球,激发阅读和探索的欲望。运用色彩、布局、动画等设计元素,可视化报告能够将财务信息包装得更加美观和吸引人。这不仅能够提高管理者的阅读体验,而且能增强财务数据的影响力和说服力。

(3)可视化分析报告为财务数据的多维度、深层次挖掘提供了便利。利用可视化技术,财务人员能够从不同角度、不同层面对数据进行切片和分析,全面把握企业财务状况。例如,通过地图可视化,管理者可以直观地了解企业在不同区域市场的收入分布和增长情况;通过树状图,管理者可以清晰地展现企业的成本构成和占比关系;通过散点图,管理者可以发现不同业务指标之间的相关性和影响规律。这些多维度的分析视角有助于深化管理者对财务数据的理解和洞察。

(4)可视化分析报告能够实现财务信息的个性化、定制化呈现。不同的管理者对财务信息的关注点和需求不尽相同。传统的静态报表很难满足这种个性化的要求,而可视化分析报告则可以根据不同管理者的偏好和习惯提供定制化的视图和呈现方式。管理者可以灵活地选择关注的指标、调整图表类型、筛选数据维度,从而获得量身定做的财务分析视角。这种个性化的信息消费模式能够显著提升财务报告的针对性和实用性。

第三节　区块链技术在企业财务共享中的应用

一、区块链技术的基本原理

(一)定义及构成要素

区块链技术是一种分布式账本技术,其本质是一个由多方共同维护、持续增长的数据记录系统。从技术构成上看,区块链由区块、共识机制、密码学技术、智能合约等核心要素组成,共同构建了一个去中心化、不可篡改、可追溯、安全可信的价值传递网络。将区块按照时间顺序相连,形成链式数据结构,就是"区块链"。这种链式结构确保了数据的完整性和一致性,任何人都无法在不被发现的情况下篡改或删除已存储的信息。

1.区块

区块是组成区块链的基本单元,包含区块头和区块体两部分。区块头中记录了该区块的元数据,如前一个区块的哈希值、时间戳、Merkle 树根等关键信息;区块体中则存储了一定时间段内发生的所有交易数据。

2.共识机制

共识机制是区块链系统实现分布式决策、保障数据一致性的关键。通过共识算法,网络中的节点可以在无须中心化控制的情况下达成对交易的认可,进而形成对整个账本的共识。工作量证明(PoW)、权益证明(PoS)等是目前应用较为广泛的共识机制,它们分别基于计算能力和持有代币数量等指标来选择记账权,防止少数节点主导或篡改网络共识。

3.密码学技术

密码学技术为区块链的安全和隐私保护提供了基础。非对称加密、哈希函数、数字签名等密码学原语被广泛应用于区块链系统中,确保了账户身份的可验证性和交易的不可抵赖性。Merkle 树等数据结构的引入进一步提升了海量交易数据的存储和验证效率。这些密码学机制使得区块链在不依赖可信第三方的前提下,实现了可信数据存储和价值转移。

4.智能合约

智能合约是区块链的又一项颠覆性创新,它以计算机程序的形式将合约条款及其执行过程固化在区块链上。基于图灵完备的编程语言,智能合约能够处理复杂的业务,实现账户间的可信交互。通过事先约定触发条件及执行规则,智能合约能够自动履约,降低交易成本,提高经济活动效率。这一特性使得区块链从单纯的数据库发展为可编程的价值转移平台。

(二)数据不可篡改性

区块链技术以其独特的数据不可篡改特性为保障企业财务数据的真实性和安全性提供了创新解决方案。传统的财务数据管理方式易受人为操纵和外部攻击,存在数据被篡改、伪造的风险。而区块链技术通过密码学原理和分布式共识机制确保一旦数据被写入区块链,便无法被随意修改或删除,真实记录了每一笔交易和每一次数据变更。

区块链的不可篡改性源于其独特的数据存储和验证方式。区块链由一个个区块按时间顺序相连而成,每个区块中包含了一定时间段内的交易数据。一旦区块被添加到链上并获得网络节点的确认,其中的数据就无法被修改。因为每个区块的生成都基于前一个区块的加密哈希值,任何对已存在区块的修改都会导致后续所有区块的哈希值发生变化,而这种变化很容易被其他节点发现。同时,区块链采用分布式账本技术,数据在多个节点之间实时同步和验证,单点篡改很难得到其他节点的认可。这种高度透明的数据管理方式极大地提升了财务数据的可信度。

将区块链应用于企业财务数据管理,可以有效杜绝数据篡改行为,确保财务信息的真实可靠。基于区块链的分布式账本,财务数据在企业内外部利益相关方之间实现共享,增强了数据透明度,减少了舞弊和纠纷的可能性。审计人员也能基于区块链平台跟踪资金流向,识别异常交易,提高审计效率。此外,区块链与智能合约、隐私计算等技术结合应用,可以在保障数据安全的同时,实现财务流程的自动化和智能化,降低人工成本。

(三)分布式账本技术

分布式账本技术的核心是分布式处理和去中心化的原理。与传统的集中式系统不同,分布式系统中的节点相互连接,共同维护一个共享的账本数据库。每个节点都保存着完整的账本副本,并通过共识机制确保账本在各节点间的一致性。当有新的交易发生时,各节点通过共识算法达成一致,将交易打包成区块并链接到原有的区块链上,从而实现账本更新。

分布式处理体现在对交易的验证和记录过程中。当一个新的交易提交到网络时,每个节点都会对其进行独立验证,检查其合法性和有效性。通过交易验证过程,可以防止双重支付、篡改交易等恶意行为。验证通过后,各节点再通过共识算法就交易的打包顺序达成一致,将其记录到区块链中。分布式处理机制保证了账本数据的安全性和真实性。

去中心化意味着分布式账本系统中不存在一个中心化的管理者或控制者。每个节点都拥有平等的权限,可以自由加入或退出网络。系统的运行不依赖任何单一节点,即使部分节点发生故障,也不会影响整个系统的运转。这种去中心化的架构赋予了分布式账本技术极高的容错性和可靠性。

分布式账本技术巧妙地融合了分布式处理和去中心化两大特性,为企业财务共享提供了高效、安全、可信的解决方案。基于分布式账本构建的财务系统,可以实现财务数据在企业内部的实时共享和同步,提高数据透明度和可追溯性。同时,去中心化的特点消除了对第三方中介的依赖,降低了交易成本和信任风险。企业各部门、子公司之间的财务往来可以通过区块链网络直接进行,简化了流程,提升了效率。

此外,分布式账本技术还为企业财务管理带来了创新的可能。利用智能合约,可以将财务业务规则和流程嵌入区块链中,实现自动化、智能化的财务处理。例如,可以设置条件触发的付款合约、自动对账合约等,减少人工操作,防范舞弊风险。分布式账本与大数据、人工智能等前沿技术的结合,也将为财务数据分析和决策支持开辟新的途径。

二、区块链在企业财务数据存储中的应用

(一)提高数据存储安全性

区块链技术凭借去中心化、不可篡改、安全可信等特点在保障企业数据安全

方面展现出巨大潜力。传统的集中式数据存储方式面临着单点故障、数据被篡改、隐私泄露等诸多风险,而区块链技术则为解决这些问题提供了崭新的思路。通过将数据存储在由多个节点共同维护的分布式账本中,区块链技术实现了数据存储的冗余备份和多方验证,大大提高了数据的安全性和可靠性。

区块链底层的密码学算法和共识机制是数据安全的重要保障。区块链采用非对称加密技术,每个节点拥有独立的公钥和私钥,只有私钥的持有者才能对数据进行签名和处理,杜绝了非授权访问和篡改的可能。同时,区块链各节点通过共识算法就数据的有效性达成一致,任何篡改数据的企图都会被多数诚实节点识别和拒绝,进一步强化了数据的不可篡改性。

将企业的财务数据存储在区块链系统中,能够有效防范内外部人员的不当操作。财务数据对企业至关重要,一旦遭到篡改或泄露,可能给企业造成难以估量的损失。传统的财务系统通常依赖少数管理员的权限控制,存在权限被滥用、内部人员作恶的风险。而基于区块链的分布式账本能够记录每一笔财务交易,任何异动都会被准确追溯,这无疑会对企图操纵数据的不法分子形成强大威慑。

区块链独特的数据加密和脱敏处理,为财务数据的隐私保护提供了有力支撑。企业可以利用区块链的加密特性对敏感财务信息进行加密存储,只允许授权方解密访问。即便数据不慎泄露,也很难被非法获取和利用。同时,区块链还支持对数据进行脱敏处理,在确保信息真实性的基础上隐去敏感细节,在信息共享和协作场景中实现隐私保护和合规性。

(二)提升透明度与真实性

区块链技术以去中心化、不可篡改、可追溯等特性为企业财务数据的真实性和透明度提供了有力保障。在传统的财务管理模式下,企业的财务数据往往掌握在少数人手中,存在被篡改、隐瞒的风险。而区块链技术通过分布式账本和共识机制确保每一笔交易都得到多方验证和记录,杜绝了单方面操纵数据的可能性。

区块链技术可以为每一笔财务交易生成唯一的数字指纹,并将其永久记录在分布式账本中。这意味着,一旦交易信息被写入区块链,就无法被篡改或删除,从而确保了数据的真实性和完整性。同时,区块链网络中的每一个节点都拥有完整的交易记录副本,任何人都可以通过查询区块链数据来验证交易的真实性,大大提高了财务信息的透明度。

区块链技术还能够实现财务数据的实时共享和同步更新。传统的财务管理通常依赖人工录入和报送,存在滞后性和错误风险。而基于区块链的财务系统可以将每一笔交易实时上链,确保各部门、各环节的财务数据始终保持一致,减少了信息不对称导致的管理风险。

区块链技术凭借在提高财务数据准确性和透明度方面的优势,已经得到越来越多企业的认可和应用。例如,某大型跨国企业利用区块链技术构建了全球统一的财务结算平台,将分散在各地的财务数据实时上链,实现了全球范围内的数据共享和实时对账,大大提高了财务管理的效率和准确性。再如,某上市公司将区块链技术应用于供应链金融领域,通过上链记录每一笔采购、销售交易,确保了应收账款和存货等关键财务数据的真实性,有效防范了财务造假风险。

(三)数据存储的长期稳定性

在当今数字化时代,企业财务数据的长期稳定存储面临着前所未有的挑战。传统的集中式存储方案存在数据安全、可靠性和一致性等方面的问题,难以满足现代企业对财务数据存储的高标准要求。区块链技术以去中心化、不可篡改、可追溯等独特优势为企业财务数据的长期稳定存储提供了创新的解决方案。

区块链技术通过分布式账本和加密算法,确保了数据在多个节点之间的同步和一致性,有效避免了单点故障和数据丢失的风险。每一笔财务交易数据都以区块的形式记录在链上,并通过密码学原理进行链接和验证,形成了不可篡改、可永久追溯的数据存储结构。这种去中心化的存储方式大大提高了财务数据的安全性和可靠性。

区块链还为企业财务数据的长期保存提供了可行的解决方案。传统的电子存储介质(如磁带、光盘等)易随着时间的推移发生老化、损坏,导致数据无法读取或恢复。而基于区块链的分布式存储,通过多节点的数据备份和容错机制,有效规避了介质损坏导致的数据丢失风险。同时,区块链存储支持数据的灵活扩容和迁移,为企业财务数据的长期演进提供了便利。

三、区块链在企业财务交易中的应用

(一)交易验证机制

区块链技术以分布式账本、加密安全、数据不可篡改等特性为企业财务交易验证提供了高效、可靠的解决方案。在传统的财务交易模式中,交易各方需要依赖第三方中介机构进行交易验证和确认,这不仅增加了交易成本,还存在交易数据被篡改、信息不对称等风险。而区块链技术通过基于共识机制的分布式账本实现了多方参与、共同验证的交易机制,有效消除了对中心化中介的依赖。

区块链技术采用密码学原理对交易数据进行加密和验证,保证了交易信息的真实性和不可篡改性。每笔交易都需要经过网络中多个节点的共识验证,只有获得足够多节点的确认,交易才能被记录到区块链中。这种多节点验证机制极大地提高了交易数据的可靠性,有效防止了单点故障和数据篡改。同时,区块链采用链式存储结构,每个区块与前后相邻区块以密码学方式相连,一旦交易信息被记录,就难以被篡改或删除,进一步确保了交易数据的安全性。

区块链技术还为企业财务交易验证提供了高效、透明的解决方案。传统的交易验证过程往往耗时较长,涉及烦琐的人工审核和纸质单据传递。区块链技术实现了交易全流程的自动化处理,从交易发起、广播、验证到确认,全部通过智能合约自动执行,大大缩短了交易验证时间,提高了交易效率。区块链的分布式特性还确保了交易信息在多个节点间共享,交易各方可实时查询交易状态和历史记录,实现了前所未有的透明度,有效防范了欺诈行为。

(二)降低交易成本与提高效率

区块链技术在企业财务交易中的应用,能够显著降低交易成本,提高交易效率。传统的企业间财务交易通常依赖第三方中介机构,如银行、支付机构等,存在交易成本高、流程复杂、效率低下等问题。而区块链作为一种去中心化的分布式账本技术,能够实现点对点的直接交易,消除对可信第三方的依赖,从而大幅降低交易成本。

基于区块链的企业财务交易验证机制高效可靠。区块链网络中的每个节点都参与交易验证,通过共识算法快速达成交易确认,确保交易真实有效。这种分布式验证方式避免了单一中心化机构的效率瓶颈,能够支撑高并发、大规模的交易需求。同时,区块链不可篡改、可追溯的特性也提供了可靠的交易安全保障。

区块链技术还能显著提升企业财务交易的自动化水平,进一步降低人工成本,提高效率。智能合约作为区块链的重要组成部分,能够根据预设条件自动执行交易,实现交易流程的自动化。企业可以将复杂的财务交易规则写入智能合约,在条件满足时自动触发资金划转、凭证生成等环节,减少人工操作环节,提高交易处理效率。这种无纸化的交易方式也大大降低了传统纸质单据的处理成本。

(三)交易无纸化及自动化

区块链技术在企业财务交易中的应用,为实现交易无纸化和自动化提供了新的路径。传统的企业财务交易流程往往依赖纸质单据和人工处理,存在效率低下、错误率高、成本高昂等问题。而区块链技术,能够有效解决这些痛点,推动财务交易模式的变革。

在区块链网络中,每一笔交易都以数字化的形式记录在分布式账本上,参与方可以实时查看和验证交易信息,无须依赖中心化的第三方机构。这种点对点的直接交互模式消除了纸质单据的传递和审核环节,大大简化了交易流程,提高了处理效率。同时,区块链的加密算法和共识机制确保了数据的真实性和一致性,防止了信息被篡改或伪造,减少了人为错误和欺诈风险。

基于智能合约技术,区块链还能够实现财务交易的自动化执行。智能合约是一种自动执行的计算机程序,能够根据预设条件自动触发交易,无须人工干预。企业可以将复杂的交易规则和业务逻辑编码到智能合约中,实现合同条款的自动验证和执行,大幅降低交易成本和时间成本。例如,在供应链金融领域,区块链和智能合约的结合可以实现应收账款的自动融资和结算,缓解中小企业的资金压力。

区块链驱动的交易无纸化和自动化,不仅提升了财务管理的效率和准确性,也为企业间的协作与信任提供了新的基础。通过区块链网络,企业可以与上下游合作伙伴建立可信的数据共享机制,实现信息的实时同步和透明公开,减少了沟通成本和信任成本。这种基于区块链的"信任机器"有利于优化产业链协同,促进企业间的互利共赢。

四、区块链在企业财务审计中的应用

(一)提高审计的独立性和效率

区块链技术以去中心化、不可篡改、可追溯等特性为企业财务审计工作带来了新的机遇和挑战。在传统的审计模式下,审计人员需要依赖被审计单位提供的财务数据和原始凭证,存在信息不对称、数据真实性难以保证等问题。而区块链技术的应用则有望从根本上解决这些难题,实现审计过程的自动化、智能化和透明化。

1.形成电子证据链

基于区块链的分布式账本技术,企业的财务数据可以实时上链,形成不可篡改、可追溯的电子证据链。审计人员无须再依赖被审计单位提供的数据,可以直接从区块链上获取真实、可信的财务信息。这不仅提高了审计的独立性,减少了审计人员与被审计单位之间的信息不对称,也大大提升了审计效率。审计人员可以利用区块链上的数据进行实时分析和智能审核,及时发现异常情况,降低审计风险。

2.提供技术支持

区块链技术还为实现审计过程的自动化和智能化提供了技术支持。将审计规则和流程嵌入智能合约,可以实现审计任务的自动触发和执行。例如,当某一交易达到预设条件时,智能合约就会自动启动相应的审计程序,对交易的合规性进行自动化检查。这种审计方式不仅效率高,而且能够避免人为错误和舞弊风险,使审计过程更加客观、公正。

3.提升审计透明度

区块链技术还有助于提升审计过程的透明度。在传统审计模式下,审计工作往往独立进行,利益相关方难以实时了解审计进展和结果。而基于区块链的审计,每一步操作都会被记录在链上,形成不可篡改的审计痕迹。这种透明化的审计方式,可以增强各方对审计结果的信任,促进企业内外部的高效协作。

(二)防止财务信息被篡改

区块链技术以不可篡改、分布式记录、加密安全等特性为防止企业财务信息被篡改提供了有力保障。在传统的财务管理模式下,财务数据通常由少数人掌控,存在被篡改、删除或伪造的风险。而区块链技术通过将财务信息以加密形式分布式存储在多个节点,确保了数据的真实性和完整性。任何对财务记录的修改都需要经过多个节点的共识验证,单个节点无法擅自篡改数据。同时,区块链的不可逆特性保证了一旦信息被写入区块,就无法被删除或修改,形成了可靠的审计跟踪。

区块链技术在防止财务信息篡改方面的应用,主要体现在以下几个方面。

(1)区块链可以用于建立可信的财务数据存储系统。企业可以将关键的财务信息(如交易记录、合同、发票等)以加密的方式存储在区块链上。这些数据一旦被确认并写入区块,就无法被修改或删除,确保了财务信息的真实性和不可篡改性。即使出现内部人员的不当操作,也难以对区块链上的数据进行篡改。

(2)区块链技术可以实现财务流程的自动化和智能化。将财务业务规则和流程嵌入智能合约,可以实现自动化的财务处理和审核。例如,可以设置条件触发的付款合约,在满足预设条件时自动执行资金转移,减少人工操作的空间,降低财务信息被篡改的风险。智能合约的执行过程透明可追溯,所有节点可以监督和验证,进一步保障了财务流程的合规性和数据的真实性。

(3)区块链技术为财务审计提供了可信的数据基础。传统的审计过程依赖人工抽查和核对,难以全面覆盖所有财务数据,且容易受到舞弊行为的影响。而基于区块链的审计可以利用不可篡改的交易记录,实现全流程、全时段的数据追溯和验证。审计人员可以通过区块链快速获取可信的财务数据,降低审计成本,提高审计的效率和准确性。区块链技术与大数据分析、人工智能等技术的结合,还可以实现智能化、自动化的审计,及时发现潜在的财务风险和异常行为。

(4)区块链技术有助于促进企业间财务信息的可信共享。在供应链金融、贸易融资等场景下,企业间财务数据的共享和同步至关重要。传统的信息共享方式存在效率低、安全性差等问题,而区块链提供了一种可信的分布式数据共享机制。企业可以基于区块链搭建联盟链或私有链,与上下游合作伙伴共享财务数据,实现信息的可信流转。同时,区块链的加密机制和访问控制保障了数据的隐私性和安全性,防止了敏感财务信息的泄露和篡改。

(三)引入智能合约到审计流程

引入智能合约技术是审计流程变革的重要方向,它有望从根本上提升审计工作的效率和可信度。智能合约作为区块链技术的重要应用场景,能够将传统的合同条款转化为自动执行的计算机程序,一旦预设条件被触发,合约内容即可自动执行,无须人工干预。将智能合约引入审计领域,可以实现审计业务流程的自动化和智能化,极大地提高审计效率,降低人工成本。

1.实现审计证据的可信采集和存储

基于智能合约的审计流程能够实现审计证据的可信采集和存储。在传统审计模式下,审计人员需要手工收集、整理、归档各类财务数据和原始凭证,这一过程不仅耗时耗力,还存在证据遗漏、篡改的风险。而利用智能合约,可以将审计所需的关键数据和证据上链存储,保证其真实性和完整性。审计人员只需调取区块链上的数据即可开展后续审计工作,无须投入大量时间、精力进行数据收集和整理。

2.实现审计过程的自动化

智能合约可以嵌入审计业务规则和流程,实现审计过程的自动化。传统的审计工作高度依赖审计人员的个人经验和专业判断,容易受到主观因素的影响。而将审计规则和标准写入智能合约,就能够实现审计业务流程的标准化和规范化。例如,对于常规的财务审计,可以将各项会计准则和披露要求转化为智能合约代码,当财务数据触发特定条件时,智能合约就会自动开展审计程序,识别潜在的错报或舞弊风险,并及时预警。这种审计模式能够最大限度地排除人为因素的干扰,提高审计结果的客观性和一致性。

3.事后审计转变为事前预防

智能合约的引入将推动审计模式由事后审计向事前预防转变。在智能合约支持下,可以通过预设条件和触发机制对企业财务活动实施实时监控。一旦发现异常交易或高风险操作,智能合约就会自动预警,提示相关人员及时处置。这种事前预防模式有助于从源头上遏制财务舞弊和违规行为,降低审计风险,审计人员也可以将更多精力投入到风险评估、内控优化等更有价值的工作中。

五、区块链在企业财务合规管理中的应用

(一)合规性数据管理

在现代企业财务共享体系中,报表和报告的自动化生成是一项至关重要的智能化设计。随着大数据、人工智能等信息技术的快速发展,企业财务数据呈现爆

炸式增长,传统的手工编制方式已难以满足及时、准确、高效的报告需求。因此,如何利用智能技术实现财务报表与报告的自动化生成成为企业财务共享服务的关键课题。

1.立足于企业财务数据的标准化与规范化管理

企业需要建立统一的财务数据标准,规范各业务系统的数据接口和传输格式,确保数据的一致性、完整性和可靠性。同时,还要构建企业级的主数据管理体系,实现财务主数据的集中管控和共享使用。只有在高质量数据的基础上,才能真正实现报表和报告的自动化生成。

2.借助于先进的数据整合与转化技术

企业财务数据通常分散在不同的业务系统和数据库中,需要运用 ETL(数据抽取、转换、加载)等工具进行数据的提取、"清洗"和整合,形成标准化的财务数据集市或数据仓库。在此基础上,利用 OLAP(联机分析处理)、数据挖掘等技术对财务数据进行多维度、多层次的分析和挖掘,形成符合企业管理需求的分析模型和报表模板。通过数据整合与转化,可以实现财务数据向管理信息的高效转换。

3.融入人工智能技术

传统的报表工具通常只能生成固定格式、内容单一的报表,无法适应企业管理的个性化需求。而人工智能技术(如自然语言处理、知识图谱等)可以让财务报表更加智能化、个性化。例如,利用自然语言处理技术,可以实现报表数据的自动解读和分析,生成易于理解的文字说明;利用知识图谱技术,可以挖掘财务数据之间的内在联系,形成可视化的关系网络,为管理决策提供更加直观、全面的参考。

4.注重可视化设计和移动化应用

数据可视化是数据呈现的重要方式,通过图表、仪表盘等形式,可以将复杂的财务数据转化为直观、易懂的视觉形式,增强报表的可读性和吸引力。而随着移动互联网的普及,移动化的报表应用也成为企业管理者的迫切需求。因此,在报表设计中,要充分考虑移动终端的特点,采用响应式设计,实现报表的自适应展示,让管理者随时随地获取所需信息。

5.重视自动化生成的安全性和可靠性

财务数据是企业的核心机密,报表生成过程中要严格控制数据访问权限,防止数据泄露和被非法篡改。同时,要建立完善的异常处理机制和数据备份机制,确保报表生成的连续性和数据的安全性。只有在严密的安全保障下,报表自动化生成才能为企业创造真正的价值。

(二)实时监控与报告机制

区块链技术在企业财务共享中的实时监控与报告机制方面具有显著优势。传统的财务监控和报告流程往往依赖人工操作和事后审查,存在效率低下、时效性差等问题。而区块链技术则能够通过分布式账本、智能合约等特性实现财务数据的实时记录、自动化处理和多方共享,从而大大提升监控和报告的及时性、准确性和可靠性。

基于区块链的实时监控机制能够对企业财务活动进行全流程、全方位的追踪和管理,每一笔交易、每一个账目变动都会以区块的形式实时记录在分布式账本中,并通过密码学技术进行验证和确认,确保数据的真实性和不可篡改性。这种去中心化的记账方式能够有效防止单一主体对财务信息的操纵和舞弊,提高财务监管的独立性和公正性。同时,区块链网络中的各节点可以实时获取和验证财务数据,实现多方参与下的协同监督,进一步强化了监控的全面性和有效性。

在报告机制方面,区块链技术同样能够发挥其优势。传统的财务报告编制和披露流程往往耗时耗力,存在人为错误和信息不对称的风险。而基于区块链的智能合约技术可以根据预设规则自动生成财务报表,并实时向相关方发布和共享。这不仅能够最大限度地减少报告编制过程中的人工干预,提高报告的效率和准确性,还能够通过数据加密和权限管理保障财务信息的安全性和私密性。利益相关方可以根据自身需求和权限,随时获取所需的财务报告,实现信息的充分披露和有效利用。

第四节 物联网技术在企业财务共享中的应用

一、物联网技术在企业财务监控与管理中的应用

(一)实时数据采集的价值

在企业财务共享服务模式下,物联网技术的应用为财务监控与管理带来了革命性变革。传统的财务监控工作主要依赖人工手段,存在效率低下、准确性不足等问题。而物联网技术则能够实现实时、自动化的数据采集,极大地提升了监控效率和准确性。

通过在各个业务环节安装传感器、射频识别(RFID)等物联网设备,企业可以实时采集生产、仓储、物流等各个环节的数据,如原材料的使用量、在制品的加工进度、产成品的库存水平等。这些数据能够自动传输到财务共享中心,经过系统的汇总、分析,形成各种财务报表和预警信息,为财务管理人员提供决策依据。

与人工抄录、录入数据相比,物联网技术的应用能够显著提高数据采集的效率。在传统方式下,财务人员需要手工收集各个业务部门的数据,耗时耗力。而通过物联网设备,数据可以自动采集并传输,无须人工干预,节省了大量的时间和人力成本。同时,物联网技术还能够保证数据采集的准确性。人工录入数据难免会出现遗漏、错录等情况,影响数据质量。传感器等物联网设备能够精确感知各项指标,保证数据的真实性和完整性。这为后续的财务分析提供了可靠的数据基础。

基于实时、准确的数据,财务共享中心能够及时编制各种报表,掌握企业的财务状况。在传统模式下,财务报表的编制往往滞后于业务发生,无法反映企业的实时经营情况。而依托物联网技术采集的数据,财务人员可以随时生成报表,动态监控企业的运营状况,及时发现异常并采取应对措施。此外,海量的数据积累也为财务预测、风险预警等高级应用奠定了基础。通过对历史数据的挖掘分析,财务共享中心可以建立预测模型,对未来的收入、成本、现金流等进行预测,为企业的战略决策提供参考。同时,异常数据的识别也能够帮助企业及早发现潜在风险,防患于未然。

(二)物联网技术与财务监控系统的集成

物联网技术的发展为企业财务监控系统带来了全新的机遇和挑战。通过将物联网技术与财务监控系统深度集成,构建动态监控模型,企业可以实现实时、精准、全面的财务监控,及时发现潜在风险,提高财务管理效率。

物联网技术能够实时采集企业各个环节的财务数据,如销售数据、采购数据、存货数据等,为财务监控提供丰富的数据基础。这些数据通过物联网传输至财务监控系统后,可以运用大数据分析技术进行深度挖掘,识别异常交易、预警风险,为财务决策提供有力支撑。同时,基于物联网的实时数据采集和传输,能够大大提高财务监控的时效性,使企业能够在第一时间掌握财务状况,快速响应市场变化。

在动态监控模型的构建中,物联网技术发挥着关键作用。在企业的各个业务环节安装传感器、射频识别等物联网设备,可以自动采集销售、采购、生产、物流等环节的实时数据,并与财务数据进行关联分析。这种动态监控模型突破了传统财务监控的局限性,实现了从静态到动态、从事后到事前、从局部到全局的转变。企业管理层可以通过可视化的监控界面实时掌握各环节的财务状况,并根据预设的阈值和规则进行预警和决策。

物联网技术与财务监控系统的集成,还有助于提高财务数据的准确性和可靠性。传统的财务监控很大程度上依赖人工录入和处理数据,存在错误、遗漏、滞后等问题。而通过物联网自动采集数据可以最大限度地减少人为因素的干扰,保证数据的真实性和完整性。同时,区块链等技术的应用,可以进一步提升财务数据的不可篡改性和可追溯性,为财务监控提供可信的数据基础。

在具体实践中,企业需要根据自身的业务特点和管理需求设计合理的物联网财务监控系统架构。这需要财务、信息技术、业务等多部门通力合作,共同梳理业务流程,识别关键监控点,设计数据采集和传输方案。同时,还需要重点关注数据安全和隐私保护,建立健全的数据治理机制,确保财务数据的机密性和合规性。

二、物联网技术在企业资产管理中的应用

(一)资产跟踪与管理的物联网解决方案

资产管理是企业财务管理的重要组成部分,直接关系到企业资产的安全性、

完整性和使用效率。传统的资产管理模式存在诸多弊端,如管理粗放、信息滞后、账实不符等,难以适应现代企业高效运转的需求。物联网技术的兴起为企业资产管理带来了新的契机,在资产上安装射频识别(RFID)标签、传感器等设备可以实时采集资产的位置、状态等信息,并通过无线网络传输到管理系统,实现资产全生命周期的智能化管理。

1.资产跟踪和防盗监控

物联网技术在资产跟踪与防盗方面具有显著优势。传统的资产管理主要依靠人工盘点和账务核对,效率低下且容易出错。而基于 RFID 的资产跟踪系统可以自动识别资产标签,准确记录资产的位置变化和流转情况。一旦发生非法移动或盗窃,系统就会立即预警,大大降低了资产流失的风险。同时,物联网技术还可以对高价值、高风险资产进行重点监控,如在运输过程中安装 GPS 定位装置,实时掌握资产状态,及时发现和处置异常情况。

2.预测性维护

在固定资产管理中,物联网技术也大有用武之地。在设备上安装传感器,可以实时采集设备的运行参数、能耗数据、健康状态等信息,并通过大数据分析平台对数据进行挖掘和建模,实现设备的预测性维护和故障诊断。这不仅可以提高设备的可靠性和稳定性,延长其使用寿命,还能优化维修策略,降低维护成本。此外,物联网技术还可以帮助企业盘活闲置资产,提高资产利用率。管理人员可以通过资产管理系统实时查看资产的使用情况,对闲置资产进行再分配或处置,从而最大限度地发挥资产的效用。

3.动态盘点

资产盘点是资产管理的重要环节,直接影响财务报表的准确性。传统的人工盘点方式不仅耗时耗力,而且容易受人为因素的影响,出现遗漏或重复计算的情况。应用物联网技术,可以大大简化盘点流程,提高盘点效率和准确率。盘点人员只需携带 RFID 手持机,对资产进行扫描,系统就会自动比对资产信息,生成盘点报告。物联网还可以实现动态盘点,管理人员随时都可以发起盘点任务,掌握资产的实时状况。这不仅有利于及时发现账实不符的问题,还能为资产优化配置提供数据支撑,提升财务管理水平。

(二)物联网技术在固定资产管理中的具体运用

物联网技术在固定资产管理中的应用为企业带来了显著的效率提升和成本节约。传统的固定资产管理往往依赖人工盘点和手工记录,存在工作量大、效率低、准确性差等问题。物联网技术的引入,为固定资产管理提供了自动化、智能化的解决方案。

通过在固定资产上安装 RFID 电子标签或传感器,企业可以实现对资产的实时定位和状态监测。这些设备能够自动采集资产的位置、使用情况、运行参数等信息,并通过无线网络传输到管理系统中。管理人员通过系统能够及时掌握每一项固定资产的动态,大大减少了人工盘点的工作量。同时,系统还可以根据预设规则自动生成报表,为管理决策提供数据支撑。

物联网技术还能够帮助企业优化固定资产的使用效率。通过对设备运行数据的分析,管理人员可以发现资产使用中存在的问题,如闲置浪费、超负荷运转等,从而及时调整资源配置,提高综合利用率。一些企业还利用物联网技术建立了预防性维护体系,实时监测设备的健康状况,在故障发生前进行维修或更换,减少了由突发故障导致的停工损失。

在固定资产的全生命周期管理中,物联网技术也发挥着重要作用。从资产的采购、验收、入库,到使用、维护、处置的每个环节,都可以利用物联网设备进行信息采集和状态跟踪。这不仅提高了管理的精细化水平,也为资产的价值评估和决策分析提供了完整的数据链。一些企业甚至将这些数据与财务系统进行集成,实现了固定资产的动态价值核算和折旧管理。

(三)物联网技术与资产折旧管理

在现代企业财务管理中,物联网技术与资产折旧管理的深度融合,正在成为企业实现精细化管理、提升财务报表质量的重要途径。传统的资产折旧管理往往依赖人工记录和计算,不仅效率低下,而且容易出现错漏,导致财务数据失真。而物联网技术的应用则为资产折旧管理插上了腾飞的翅膀。

在企业各类固定资产上安装传感器、RFID 标签等物联网设备,可以实时采集资产的使用状况、环境参数、位置信息等数据。这些数据经过云平台的汇总分析,能够精准反映每项资产的实际使用强度和损耗程度。基于大数据分析,财务人员可以制定更加科学、动态的折旧策略,避免"一刀切"式的粗放管理。例如,对于使用频率高、磨损严重的设备,可以适当缩短折旧年限或提高残值率;而对于性能稳定、使用寿命较长的资产,则可以减缓折旧进度,延长使用周期。这种因地制宜的折旧方法,不仅能够降低企业的财务成本,还能最大限度地发挥资产效能,提升投资回报率。

物联网技术还为资产折旧管理提供了可视化的管理工具。传统的财务报表通常以文字、数字的形式呈现,难以直观展示资产的状况和折旧进程。而借助物联网平台,财务人员可以通过图表、仪表盘等形式实时监控每项资产的折旧情况,并与预设的折旧计划进行比对。一旦发现异常偏离,系统就会自动预警,提示管理者及时采取措施。这种可视化的管理方式,大大提高了财务决策的针对性和时效性,使得资产折旧管理更加透明、可控。

物联网技术的应用还大大简化了资产折旧核算的流程。以往,财务人员需要手工收集资产数据,逐一计算折旧额,再填制记账凭证,工作量大且易出错。而在物联网环境下,资产数据可以自动采集、传输和处理,折旧费用能够按照预设的规则自动生成,并直接导入财务系统,实现了全流程的自动化。这不仅从根本上杜绝了人为错误,还能大幅提升财务核算的效率,让财务人员从烦琐的核算工作中解放出来,将更多精力投入到财务分析和风险管控等高附加值领域。

三、物联网技术在企业供应链财务管理中的应用

(一)材料成本控制

在企业财务共享体系中,材料成本控制是一个关键环节,它直接影响着企业的盈利能力和市场竞争力。传统的材料成本控制方法(如事后核算、人工盘点等)已经难以适应现代企业精细化管理的需求。随着物联网技术的快速发展和广泛应用,企业有了一种更加高效、准确、实时的材料成本控制手段。物联网技术通过在原材料、半成品、产成品等各个环节嵌入传感器,实现对材料流转全过程的自动化监测和数据采集,为企业材料成本控制提供了坚实的数据基础。

从战略层面来看,物联网技术在材料成本控制中的应用,有助于企业实现从被动管理向主动管理的转变。在传统的材料管理模式下,企业往往是在材料已经消耗或浪费之后才能意识到问题所在,而物联网技术则能够通过实时监测,在问

题发生之前就及时预警,使企业能够快速响应,采取针对性措施,最大限度地减少材料浪费,降低成本。同时,基于物联网的材料成本控制还能为企业的战略决策提供有力支撑。通过对海量材料数据的分析和挖掘,企业可以洞察材料消耗的规律和趋势,优化材料采购策略,调整生产计划,实现精准管理。

在具体应用层面,物联网技术可以渗透到材料管理的各个环节,发挥多方面的成本控制作用。在材料仓储管理方面,通过 RFID 电子标签、智能货架等设备,企业可以实现材料的自动出入库、库存盘点、货位管理等,降低人工成本,提高效率。在材料配送环节,GPS 定位、电子运单等技术的应用,能够实现对运输车辆和材料流向的全程跟踪,防止材料在运输过程中的遗失和损耗。在生产领料环节,智能称重、条码扫描等技术可以对材料的领用进行严格管控,杜绝超领、错领等现象。在产品组装环节,物联网技术可以对零部件的投入进行精确计量,减少不必要的浪费。

物联网技术在材料成本控制中的应用,还能够促进企业内部各部门之间的协同。通过构建基于物联网的集中管控平台,采购、仓储、生产、财务等部门可以实现材料数据的共享和业务流程的协同,连通信息孤岛,提高运营效率。例如,当生产部门通过物联网设备发现材料短缺时,系统可以自动向采购部门发送补货信号;当材料实际消耗与预算出现较大偏差时,系统可以自动向财务部门预警,触发预算调整流程。这种跨部门的协同互动,能够使材料成本控制更加及时、准确和全面。

(二)供应商财务评估与协同

物联网技术的引入为企业供应链财务管理带来了全新的发展机遇。在供应商财务评估与协同方面,构建基于物联网的供应链体系已成为企业提升竞争力的关键举措。通过物联网技术,企业可以实时掌握供应商的生产状况、库存水平、交货进度等关键信息,从而更加准确、高效地进行供应商绩效评估。这不仅有助于企业优化供应商管理,淘汰不合格供应商,降低供应链风险,而且能够促进企业与供应商之间的信息共享和协同合作,实现供应链的敏捷化和柔性化。

基于物联网的供应链财务管理主要体现在以下几个方面。

(1)供应商资质评估更加精准。物联网技术可以帮助企业全面收集和分析供应商的历史交易数据、信用记录、产能规模等信息,构建起完善的供应商档案库。这为企业选择合格供应商、优化供应商结构提供了可靠依据。

（2）供应商绩效考核更加及时。通过在供应商生产现场安装传感器、RFID等物联网设备,企业可以实时监测供应商的生产进度、质量水平、交货状况等关键指标,及时发现和解决供应链中的问题,确保供应链运作的稳定性和连续性。

（3）供应商财务风险管控更加有效。基于物联网的供应链可视化管理,使企业能够动态跟踪供应商的资金流、物流、信息流,及早预警和处置供应商的财务风险,如资金链断裂、信用恶化等,从而维护企业自身的财务安全。

（4）供应商协同配合更加紧密。物联网平台的搭建为企业与供应商之间建立了高效的信息共享和沟通渠道,双方可以在统一的平台上进行需求发布、订单管理、库存查询、结算对账等业务协同,大大提高了供应链运作效率,降低了时间和成本损耗。

(三)存货管理优化

企业存货管理是一项复杂而系统的工程,它涉及采购、仓储、生产、销售等多个环节。传统的存货管理方式往往依赖人工操作和经验判断,难以实现实时监控和动态优化,导致存货积压、资金占用等问题频发。物联网技术的出现为存货管理带来了全新的思路和方法。

物联网技术利用射频识别、传感器、二维码等设备实现了对存货的全生命周期跟踪和管理。企业可以通过在存货上附加电子标签实时掌握存货的位置、数量、状态等信息,并将这些信息传输到管理系统中进行分析和决策。这种透明化、可视化的管理模式大大提高了存货管理的效率和精确度。

基于物联网的存货管理能够优化采购决策。通过对销售数据、库存水平、市场需求等信息的综合分析,系统可以智能预测未来一段时间的销售情况,并根据预测结果自动生成采购计划,避免出现盘亏或库存过剩的现象。同时,物联网技术还能实现供应商管理的自动化,通过与供应商系统的无缝对接,企业可以实现订单、发货、对账等流程的电子化处理,降低人工成本和差错率。

物联网技术可以显著提升仓储管理水平。传统的仓库管理依赖人工盘点和纸质记录,效率低下且易出错。应用物联网技术后,系统可以通过电子标签自动识别和记录存货的入库、出库、移库等操作,实现存货动态的实时更新。仓库管理人员可以通过移动终端随时查看存货状态,优化仓储布局,提高空间利用率。在盘点方面,物联网技术可以实现快速、准确的存货盘点,大幅减少盘点时间,降低人力成本。

在生产环节,物联网技术可以帮助企业实现精益生产和及时补货。通过对生产设备、物料、半成品、成品等对象进行标识和跟踪,系统可以准确掌握生产进度和物料消耗情况,动态优化生产计划和物料配送。一旦出现物料短缺或设备故障等异常情况,系统可以及时预警并自动触发补货或维修流程,最大限度减少生产停工时间,提高生产效率。

物联网技术为销售管理提供了有力支撑。通过对销售终端的库存状况进行实时监控,企业可以根据终端反馈的销售数据和库存水平及时调整补货策略,既避免了存货脱销造成的销售机会损失,又降低了存货积压的风险。此外,企业还可以利用物联网数据分析消费者行为,优化产品组合和市场策略,从而提升产品周转率和资金使用效率。

四、物联网技术在企业财务风险预警中的应用

(一)财务风险识别

物联网技术为企业财务风险的识别与预警提供了全新的思路和方法。传统的财务风险管理主要依赖事后的财务数据分析,难以对风险进行实时监测和预警。物联网技术则能够通过海量数据的实时采集和智能分析,构建起动态、敏捷的财务风险预警机制。

物联网技术的应用,使得企业能够全面、准确地掌握资金流、物流、信息流的实时动态,为财务风险的识别奠定了坚实的数据基础。通过在关键业务环节安装传感器,企业可以自动采集销售、采购、生产、库存等方面的数据,并将其传输至财务风险管理系统。系统则利用大数据分析、机器学习等技术对数据进行"清洗"、整合和挖掘,从而发现潜在的财务风险点,如资金占用异常、存货积压、应收账款回收困难等。这种基于物联网的实时数据分析,能够帮助企业及时识别财务风险,为风险决策提供有力支撑。

在财务风险预警方面,物联网技术同样大有可为。传统的风险预警往往滞后于风险事件的发生,难以实现风险的早期预防和控制。物联网技术能够对风险指标进行持续监测,一旦发现异常情况,即可自动触发预警机制。例如,系统可以实时监测企业现金流状况,当资金链趋紧时,及时向财务管理者发出预警信号;又如,系统可以跟踪存货周转情况,当特定存货积压达到预设阈值时,提示企业采取

应对措施。这种实时、动态的风险预警机制,使得企业能够在财务风险演变为危机之前及时采取措施进行化解和管控。

(二)物联网技术在流动性风险管理中的作用

物联网技术在企业流动性风险管理中的应用,为改善现金流监控提供了新的思路和方法。传统的现金流监控主要依赖财务人员的人工操作和分析,存在效率低下、时效性差、准确性不高等问题。而物联网技术则通过传感器、射频识别、无线通信等手段实现了对企业资金流动的实时监测和预警,大大提升了现金流管理的智能化水平。

物联网技术可以对企业的资金收支情况进行全面、动态跟踪。通过在销售终端、采购环节、生产车间等关键节点安装传感器,企业可以实时采集销售回款、原材料采购、生产成本等数据,并将其上传至财务管理系统。系统利用大数据分析技术对资金流向进行建模和预测,及时发现异常情况并预警,从而降低企业的流动性风险。

物联网技术能优化企业的资金调度和使用效率。基于实时采集的经营数据,财务管理系统可以智能匹配资金供需,合理安排资金的调拨和使用,避免资金闲置或短缺。这不仅能提高资金使用效率,降低财务成本,还能增强企业的资金保障能力,更好地应对市场变化和不确定性风险。

物联网技术在应收账款管理中也大有用武之地。通过对客户的信用状况、付款行为进行实时监控,企业可以动态评估客户的信用风险,优化信用政策和催收策略。这有助于加快应收账款的回笼速度,减少坏账损失,从而改善企业的现金流状况。

第三章　智能技术驱动下的企业财务共享体系建设

第一节　智能技术驱动下的企业财务共享体系总体架构设计

一、智能技术驱动下的企业财务共享体系系统架构设计

(一)系统架构基本理念与目标

智能技术的迅猛发展为企业财务共享体系的构建提供了前所未有的机遇和挑战。在这一背景下,如何立足企业实际,将智能技术与财务共享体系深度融合,打造高效、协同、智能的财务管理平台,已经成为现代企业亟须解决的重要课题。构建智能化的企业财务共享体系,需要从系统架构设计入手,明确基本理念与目标,优化系统组件构成,充分发挥智能技术的赋能作用。

系统架构设计的基本理念在于实现财务管理的高效协同和智能化。传统的财务管理模式往往存在信息孤岛、业务割裂、流程冗余等问题,难以适应现代企业的发展需求。而智能化的财务共享体系通过整合财务业务流程、优化资源配置、提升数据质量,能够有效破解这些难题。智能技术的引入还能够赋予系统更强的分析、预测、决策支持能力,使财务管理从被动应对向主动管理转变。因此,高效协同与智能赋能是智能化财务共享体系的两大基本理念。

在明确基本理念的基础上,智能化财务共享体系的系统架构还需要围绕核心目标展开设计。一方面,系统需要全面支撑财务业务的智能化运作,实现从财务核算、资金管理到预算控制、风险管控等全流程的数字化、自动化。另一方面,系统还应充分发挥数据价值,通过数据整合与智能分析,为企业财务决策提供有力支撑。此外,促进业财融合,支持企业战略落地也是系统架构设计需要考虑的重要目标。只有紧密对接业务需求、深度融合财务管理,才能真正实现财务战略协同,推动企业高质量发展。

在系统目标的指引下,智能化财务共享体系的系统组件构成也需要进行优化

设计。首先,系统需要搭建面向全企业的统一财务业务处理平台,实现财务业务、流程、数据、系统的标准化与集中化管理。这一平台不仅要涵盖传统的会计核算、资金管理等基础财务领域,还应延伸到预算管理、税务筹划、投融资决策等专业财务领域,并与业务系统实现无缝对接。其次,系统还需要引入智能机器人等新兴技术,通过流程自动化和智能化改造提升财务运营效率。再次,大数据分析与智能决策支持系统的构建也不容忽视。系统应具备海量结构化和非结构化财务数据的采集、存储、计算能力,并通过机器学习算法实现数据深度挖掘,以数据驱动财务决策。

　　智能技术与财务共享体系的深度融合是实现系统架构目标的关键路径。当前,人工智能、区块链、云计算、大数据等新兴技术方兴未艾,为财务共享服务的智能化变革提供了有力工具。系统架构设计要充分考虑不同智能技术的特点和适用场景,优化技术选型与集成应用策略。例如,可以通过 RPA 技术对财务核算、报表编制等标准化流程实现自动化,运用 NLP 技术完成非结构化票据、合同等财务数据的智能处理,利用知识图谱技术支撑多维度的关联分析与风险挖掘,借助区块链技术优化资金清算、对账、审计等业务,引入云计算架构实现弹性扩展与敏捷开发。唯有推动前沿技术与财务管理的持续融合,激发数据要素的潜在价值,才能真正实现系统架构的智能化再造。

(二)关键系统组件构成

　　智能技术驱动下的企业财务共享体系关键系统组件包含核心财务处理模块和智能分析工具两大部分。核心财务处理模块作为系统的基石,承载着基础会计核算、财务报表编制、资金管理等传统财务管理职能。这些模块基于稳定高效的计算框架,严格遵循会计准则和财务制度,确保财务数据的准确性和合规性。同时,先进的工作流引擎赋予了财务处理更大的灵活性,可根据企业实际需求进行个性化配置,优化业财融合。

　　智能分析工具代表了财务共享体系的创新与突破。这些工具利用大数据、机器学习等前沿技术对海量财务数据进行采集、清洗、整合和分析,挖掘其中蕴藏的价值。例如,智能预测模型可以根据历史数据和外部因素对企业未来的收入、成本、现金流等关键财务指标进行预测,为管理层决策提供有力支撑。风险识别算法则能够实时监控交易数据,通过异常点检测和行为模式分析,及时发现潜在的财务风险,提高内控水平。此外,智能分析工具还能对财务数据进行多维度、可视化的呈现,生成直观易懂的报表和仪表盘,帮助管理者快速洞察财务状况,把握经营脉搏。

然而,核心财务处理模块和智能分析工具并非独立运作,而是通过数据接口和业务逻辑紧密集成,形成一个有机统一的整体。前者为后者提供了高质量的数据基础,后者则为前者赋能,实现了数据价值的释放。二者相辅相成,缺一不可。

(三)系统架构对智能技术的依赖性

智能技术的迅猛发展为企业财务共享体系的构建提供了强大的技术支撑。人工智能、大数据、云计算等前沿技术的应用,使得财务共享系统的架构设计发生了深刻变革。智能技术不仅提升了系统的处理效率和精度,而且重塑了财务管理的业务流程和管理模式。系统架构对智能技术的依赖性日益凸显,如何实现二者的深度融合已成为财务共享体系建设的关键。

1. 人工智能技术

从系统架构的视角来看,人工智能技术在财务共享系统中发挥着不可或缺的作用。智能算法的引入使得系统能够自动识别和提取财务数据,并对其进行分类、合并和校验,大大减轻了人工操作的负担。同时,机器学习模型能够从海量财务数据中挖掘出隐藏的模式和规律,为财务决策提供科学依据。此外,自然语言处理技术的应用使得系统能够理解和处理非结构化的财务信息,如发票、合同等,拓展了财务数据的来源和维度。可以说,人工智能技术的融入极大地提升了财务共享系统的智能化水平,使其能够处理更加复杂多变的业务。

2. 大数据技术

大数据技术为财务共享系统提供了强大的数据支撑。财务管理涉及企业内外部的各种数据,如销售数据、采购数据、人力成本数据等,数据量巨大且格式复杂。大数据平台能够实现对这些异构数据的采集、存储和管理,并对其进行实时计算和分析,为财务决策提供全面、准确的数据支持。同时,大数据技术的应用还能够实现数据的共享和流通,打破各业务系统之间的数据壁垒,形成一个统一、完整的数据视图。这不仅提高了财务管理的效率,更为企业的业务协同和创新提供了数据基础。可以说,大数据技术是财务共享系统高效运行的重要保障。

3.云计算技术

云计算技术为财务共享系统提供了灵活、可扩展的部署环境。传统的财务系统往往部署在本地,难以适应业务的快速变化和突发需求。而云计算平台能够实现系统的弹性伸缩和快速交付,使得系统能够根据业务量的变化动态调整资源配置,提高资源利用率。云平台还提供了丰富的服务和工具,如身份认证、数据加密、灾备等,保障了系统的安全性和可靠性。此外,云模式还使得企业能够以服务化的方式获取先进的财务管理功能,降低了系统构建和维护的成本。可以说,云计算技术为财务共享系统的构建提供了高效、经济的实现路径。

二、智能技术驱动下的企业财务共享体系技术架构设计

(一)技术架构设计关键考量因素

在设计智能技术驱动下的企业财务共享体系技术架构时,安全性、稳定性和前瞻性是必须重点考虑的关键因素。这三个维度共同构成了技术架构设计的基石,对于保障财务共享平台的可靠运行、持续发展和价值实现具有决定性意义。

1.安全性

技术架构的安全性是财务共享体系建设的首要前提。财务数据是企业的核心机密,一旦发生泄露或篡改,将给企业造成难以挽回的损失。因此,在设计技术架构时,必须从物理层、网络层、系统层、应用层等多个层面入手,构建起全方位、立体化的安全防护体系。这包括采用高强度的数据加密算法、部署先进的入侵检测与防御系统、建立严格的身份认证与访问控制机制、实施全流程的安全审计与监控等。只有在技术架构的每一个环节都严密设防,才能最大限度地规避网络攻击、内部人员操作失误等安全风险,筑牢财务数据安全的防火墙。

2.稳定性

稳定性是财务共享体系高效运转的根本保证。财务业务对系统的可用性和连续性有着极高的要求,哪怕是几分钟的宕机或中断,都可能给企业的资金运作和经营决策带来灾难性后果。为了确保技术架构的稳定性,设计者需要从基础设

施、系统架构、应用架构等层面综合施策。在基础设施方面,要选择高可靠性的服务器、存储、网络等硬件设备,并搭建多机房容灾备份系统;在系统架构方面,要进行分布式部署,避免单点故障,同时优化系统性能,提高并发处理能力;在应用架构方面,要采用成熟稳定的技术框架,规范编码和测试流程,从源头上防范故障和异常。此外,还要建立完善的监控告警机制和应急预案,做到故障秒级发现、分钟级定位、小时级修复。唯有如此,才能保障财务共享平台 7×24 小时不间断运行,让企业领导高枕无忧。

3.前瞻性

前瞻性决定了财务共享体系的生命力和发展潜力。当前,新一代信息技术方兴未艾,云计算、大数据、人工智能、区块链等先进技术在财务领域的应用已经初现端倪,预示着财务共享模式将迎来革命性变革。对此,技术架构设计必须着眼长远,把握技术发展趋势,为引入新技术、新应用预留足够的扩展空间和灵活性。这就要求设计者在架构分层、接口设计、数据标准等方面遵循开放、兼容、可扩展的原则,避免使用过于封闭和专有的技术,降低系统的耦合度,提高组件的复用性。同时,还要密切跟踪并积极采纳各类新兴技术,如运用大数据分析辅助预算管理和风险防控、利用人工智能赋能财务流程自动化等。唯有在传承中创新、在创新中发展,才能使财务共享体系的技术架构经得起时间的检验,焕发出持久的生机与活力。

(二)智能技术集成及系统性能提升

智能技术的集成运用是提升企业财务共享体系性能的关键路径。在智能时代,大数据、人工智能、云计算等先进技术为财务共享体系的建设和优化提供了强大动力。通过将这些技术有机融合、协同运作,财务共享体系能够显著提升数据处理效率,为企业财务管理和决策提供更加及时、准确、全面的信息支撑。

大数据技术的应用使财务共享体系能够快速处理海量的财务数据,并从中挖掘出有价值的信息和规律。借助大数据分析,财务共享中心可以实时监测企业财务状况,识别潜在风险,优化资源配置,为企业的战略决策提供依据。大数据还能够支撑财务预测和预算管理,帮助企业准确把握市场动向,合理制订财务计划。

人工智能技术的引入为财务共享体系智能化进一步赋能。机器学习算法可以自动识别和归类财务单据,减少人工录入的错误率;知识图谱可以快速检索和关联财务信息,为财务分析提供多维度视角;自然语言处理可以实现财务问询的自动应答,提升财务服务质量。人工智能与财务共享的深度融合,使财务处理流程更加自动化、智能化,大幅提高了财务工作效率。

云计算技术为财务共享体系搭建了一个灵活、可扩展的平台。通过将财务系统架构于云端,企业可以实现财务数据的集中存储和管理,提高数据的安全性和可访问性。云平台还能够支持弹性计算资源的动态调配,满足财务业务高峰期的性能需求。此外,云计算还为移动办公、远程协作等新型财务工作模式提供了基础设施保障。

(三)技术架构持续优化与升级路径

智能技术的迅猛发展为企业财务共享体系架构的持续优化和升级提供了强大动力。面对日新月异的技术革新,如何保持财务共享体系技术架构的先进性,已经成为众多企业亟须解决的现实问题。

系统架构是财务共享体系的基石,其先进性直接决定了整个体系的运行效率和可持续发展能力。在智能技术的赋能下,财务共享体系的系统架构正朝着更加灵活、开放、可扩展的方向演进。云计算、大数据、人工智能等前沿技术的应用,使得系统架构能够更好地适应业务需求的动态变化,实现弹性伸缩和快速响应。同时,微服务化、容器化等架构理念的引入,进一步提升了系统的模块化程度和可维护性,为技术架构的持续优化奠定了坚实基础。

数据架构是财务共享体系价值创造的关键。随着企业数据量的爆发式增长,传统的数据架构已经难以满足海量数据处理和实时分析的需求。因此,构建以大数据为核心的数据架构,成为企业财务共享体系升级的必由之路。通过引入数据湖、数据仓库等先进的数据架构,企业能够更好地整合内外部数据资源,实现数据的统一管理和高效利用。同时,借助机器学习、深度学习等智能算法,企业还能够从海量数据中挖掘出更多信息,为财务决策提供有力支撑。

技术架构的先进性还体现在与业务的深度融合上。在智能技术的加持下,财务共享体系的技术架构正从单纯的支撑型角色向赋能型角色转变。通过与业务流程的无缝对接,技术架构能够为财务业务的智能化、自动化提供强大助力。例如:RPA 技术的应用,可以大幅简化财务流程,提高业务处理效率;区块链技术的引入,则有助于提升财务数据的安全性和可信度。技术与业务的深度融合,不仅提升了财务共享体系的整体效能,也为企业创新发展注入了新的活力。

三、智能技术驱动下的企业财务共享体系数据架构设计

(一)数据架构核心组成和数据治理

在智能技术驱动下构建企业财务共享体系,数据架构的科学设计和有效治理至关重要。数据架构作为财务共享体系的核心组成部分,其合理性和完善性直接影响着系统的运行效率和决策支持能力。构建一个安全、稳定、高效的数据架构,需要从数据标准、数据质量管理、数据安全及数据资产管理等多个维度进行全面规划和设计。

1.数据标准

在设计数据架构时,必须建立统一的数据定义、编码规则和格式标准,消除各业务系统之间的数据差异,实现数据的一致性和可比性。同时,要制定完善的数据采集、"清洗"、转换、加载等流程规范,保证数据在各个环节的准确性和完整性。只有数据标准统一、规范,才能为后续的数据分析和决策提供可靠的基础。

2.数据质量管理

高质量的数据是财务共享体系发挥效能的前提。在数据架构设计中,要建立数据质量检测和监控机制,对数据的准确性、及时性、完整性等指标进行实时监测,及时发现和修复数据质量问题。同时,还要建立数据质量考核和问责制度,将数据质量管理落实到各业务部门和岗位,形成全员参与、持续改进的数据质量文化。

3.数据安全

财务数据涉及企业的核心商业机密,一旦泄露或被非法篡改,将给企业带来巨大损失。因此,在设计数据架构时,必须严格遵循数据安全标准和规范,采取多层次、立体化的安全防护措施。这包括身份认证与访问控制、数据加密与脱敏、审计与日志追踪等技术手段,以及完善的数据安全管理制度和应急预案。只有构筑起严密的数据安全防线,才能最大限度地降低数据泄露和损毁的风险。

4.数据资产管理

在大数据时代,数据已经成为企业的战略性资产。科学的数据架构设计要充分考虑数据全生命周期管理,包括数据采集、存储、加工、应用、归档等各个阶段。要建立数据资产目录和元数据管理机制,全面盘点企业的数据资源,明确数据的业务属性、关联关系、权限归属等,实现数据资产的集中管控和优化配置。通过数据资产的有效管理,企业能够最大限度地挖掘数据价值,为经营决策和业务创新赋能。

(二)基于大数据的决策支持系统设计

大数据时代下,企业管理和决策面临着前所未有的机遇和挑战。海量数据的涌现为企业提供了丰富的资源,但要想有效利用这些数据资源,提炼其中蕴含的价值,则需要强大的数据处理和分析能力。基于大数据的决策支持系统正是在这一背景下应运而生,它通过对企业内外部数据进行采集、存储、处理和分析,为管理者提供科学、及时、全面的决策依据,从而显著提高企业决策的质量和效率。

从数据采集和存储的角度来看,决策支持系统需要具备强大的数据集成能力。企业数据通常分散在不同的业务系统和数据库中,还包括非结构化的文本、图像、音频等多媒体数据。决策支持系统要能够将这些异构数据进行"清洗"、转换和集成,形成统一的数据视图,为后续的分析提供便利。同时,面对海量数据的存储需求,系统还需要借助分布式存储、云存储等先进技术,确保数据的安全性、可靠性和可扩展性。

在数据处理和分析方面,决策支持系统的核心是数据挖掘和商业智能技术。数据挖掘通过各种算法和模型从海量数据中发现隐藏的模式、关联和趋势,揭示数据背后的价值。例如,通过对客户行为数据的挖掘分析,企业可以洞察客户需求、预测购买行为、制定精准营销策略。而商业智能则侧重于数据的可视化呈现和交互式分析,通过直观的图表、仪表盘等方式帮助管理者快速理解业务状况,发现问题和机会。OLAP、数据查询等技术的应用,进一步增强了系统的分析能力和用户体验。

此外,基于大数据的决策支持系统还应充分发挥人工智能技术的优势。机器学习算法可以从历史数据中自动学习和优化预测模型,不断提高预测的准确性。自然语言处理、知识图谱等技术则可以帮助系统理解非结构化数据,挖掘其中的语义信息。认知计算、专家系统等智能技术的引入,使得系统具备一定的推理、决策能力,可以根据企业面临的具体场景提供智能化的决策建议。

(三)数据架构与智能技术融合策略

在智能技术快速发展的时代背景下,数据架构与智能技术的深度融合已成为企业财务共享服务体系建设的关键。通过将人工智能、机器学习等前沿技术与财务数据架构进行创新性结合,企业能够显著提升财务数据分析和预测的能力,为管理决策提供更加准确、及时、全面的支持。

数据架构是财务共享服务体系的核心基础,其合理性和先进性直接影响着系统运行效率和数据价值的发挥。传统的数据架构往往采用"烟囱式"的设计理念,数据分散在各个业务系统中,缺乏统一管理和共享机制,导致数据孤岛问题突出。而在智能技术驱动下,扁平化、服务化的数据架构逐渐成为主流趋势。通过构建统一的数据平台,财务数据在组织内部自由流动,并利用大数据技术实现数据的采集、存储、计算和应用,企业能够充分挖掘数据资产的内在价值,实现数据驱动的精细化管理。

人工智能技术的引入进一步释放了财务数据的潜力。机器学习算法能够从海量数据中自动识别隐藏的模式和规律,并持续优化预测模型的准确性。例如,运用机器学习对历史销售数据进行训练,可以准确预测未来一段时期的销售趋势,帮助企业合理制定生产计划和库存策略。又如,应用自然语言处理技术对财务报告、合同等非结构化数据进行语义分析,能够快速提取关键信息,实现智能化的风险预警和合规审查。再如,借助图像识别技术对发票、单据等影像数据进行自动识别和录入,不仅能够显著提高财务流程效率,还能够最大限度地减少人工录入错误。

数据可视化作为智能技术的一项重要应用,为财务共享服务平台的数据洞察提供了直观、易懂的呈现方式。传统的报表工具通常局限于静态数据的展示,缺乏交互性和实时性。而富有创意的可视化设计能够将复杂的财务数据转化为形象生动的图表,帮助管理者快速洞察经营状况,把握关键风险点。同时,数据可视化还能够支持多维度、多层级的数据"钻取",用户可以根据自身需求灵活调整分析视角,自主探索数据间的关联规律。

此外,区块链技术与财务数据架构的融合也是大势所趋。区块链以去中心化、不可篡改等独特优势为企业间财务数据的可信共享提供了有力保障。通过在联盟链上建立统一的财务数据标准和交换协议,并利用智能合约实现业务规则的自动执行,企业能够与上下游合作伙伴实现财务流程的无缝协同,提高供应链整体运作效率。而区块链不可篡改的特性也为财务数据的安全可信存储提供了有力保障,有效规避了数据被恶意篡改、伪造的风险。

四、智能技术驱动下的企业财务共享体系架构的可扩展性设计

(一)可扩展性设计意义与挑战

企业财务共享体系的可扩展性设计对于支持企业的长期成长和变革至关重要。随着业务规模的扩大、组织结构的调整以及管理模式的创新,企业的财务管理需求必然会发生变化。如果财务共享体系缺乏良好的可扩展性,就难以适应这些变化,难以满足企业发展的需要。因此,在设计财务共享体系时,必须充分考虑其可扩展性,为企业的可持续发展提供坚实支撑。

可扩展性设计的首要任务是实现财务共享体系的模块化。通过将系统划分为相对独立的功能模块,并定义清晰的模块接口和交互机制,可以有效降低系统的耦合度,提高各模块的内聚性。这种松耦合、高内聚的架构特性使得系统在面对新需求时能够灵活响应,通过增加、修改或替换特定模块来实现功能的扩展和优化,而不会对整个系统造成过多的影响。模块化设计还有利于系统维护和升级,不同模块可以根据实际情况独立演进,降低系统整体的复杂度。

可扩展性设计还需要考虑财务共享体系的数据架构。企业财务数据具有量大、类型多、关联复杂等特点,对数据存储、处理和分析提出了较高要求。为了适应数据规模和业务需求的增长,财务共享体系必须采用可扩展的数据架构。这种架构应该能够灵活地扩展数据存储容量,支持大规模数据的高效读写和查询;同时,要具备良好的数据集成和交换能力,统一管理来自不同系统、不同格式的财务数据,为后续的数据分析和决策支持奠定基础。可扩展的数据架构还应该考虑未来的技术发展趋势,如大数据、云计算等,选择开放、兼容的技术平台,避免被特定厂商或技术锁定。

此外,可扩展性设计还需要兼顾财务共享体系的业务流程和管理模式。随着企业组织结构的变化和管理理念的更新,财务共享体系必须能够灵活调整业务流程和管控方式,适应新的管理需求。这就要求在设计业务流程时,充分考虑流程

的可重组性和可配置性,通过参数化、规则化的方式实现流程的动态调整,减少硬编码对流程灵活性的制约。同时,还要建立健全流程管理机制,包括流程监控、绩效评估、持续优化等,不断提升财务共享体系的运行效率和管理水平。管理模式的可扩展性还体现在权限控制、审批授权等方面,要为组织变革和管理创新预留足够的空间。

然而,可扩展性设计也面临着诸多挑战。首先,可扩展性与系统性能之间可能存在一定的矛盾。为了实现良好的可扩展性,系统往往需要引入一些中间层、代理机制或冗余设计,这可能会在一定程度上影响系统的响应速度和资源利用效率。其次,可扩展性设计需要在当前需求和未来需求之间权衡。过度设计可能会导致系统复杂度过高,而前瞻性不足又可能埋下扩展性不足的隐患。另外,实现可扩展性需要额外的开发和维护成本,这对企业的人力和财力提出了更高要求。因此,在追求可扩展性的同时,还要兼顾系统的性能、成本和复杂度等因素,找到最佳的平衡点。

(二)实现架构可扩展性关键策略

实现智能技术驱动下企业财务共享体系架构的可扩展性,是一项复杂而关键的任务。模块化设计和云服务的应用,为解决这一难题提供了可行的路径。模块化设计通过将系统划分为相对独立的功能模块,使得系统在面对新需求时能够灵活调整,避免牵一发而动全身的困境。每个模块都有明确的功能定位和接口规范,可以独立开发、测试和部署,大大提高了系统的可维护性和可复用性。当业务发生变化或技术更新时,只需对特定模块进行修改或替换,而不影响整个系统的稳定运行。这种"高内聚、低耦合"的设计理念赋予了系统极大的弹性和适应力,使其能够随着企业的成长而不断进化。

云服务的引入从基础设施层面增强了系统的可扩展性。传统的本地部署模式需要企业自行购置、维护硬件设备,难以快速响应业务扩张带来的容量需求。而云服务提供了一种按需付费、弹性伸缩的资源供给方式。企业可以根据实际业务量动态调整计算、存储等资源的配置,轻松实现系统的横向扩容和纵向升级。同时,云平台还集成了负载均衡、故障转移等功能,进一步提升了系统的高可用性和容灾能力。借助云服务实现资源的"弹性供给",企业无须为应对峰值而长期维持冗余的 IT 投入,从而显著降低系统建设和运维的成本。

第二节　智能技术驱动下的企业财务共享体系模块设计

一、企业财务共享体系会计核算模块设计

会计核算模块是企业财务共享体系的核心组成部分,在智能技术的支持下,其功能和构成呈现出新的特点。从功能上看,智能化的会计核算模块不仅能够完成传统的凭证录入、账务处理、财务报表编制等基础性工作,还能够利用大数据、人工智能等前沿技术实现更加高效、准确、全面的财务管理。例如,智能核算系统可以通过机器学习算法自动识别和归类大量的财务数据,减少人工录入的错误和工作量;通过数据挖掘技术发现业务数据中潜在的模式和关联,为管理层决策提供有力支持;通过自然语言处理技术实现财务报告的自动生成和解读,提高财务信息的可读性和可理解性。

从构成上看,智能化的会计核算模块不再局限于单一的财务软件,而是与企业内外部的各类系统实现了深度整合。在内部,会计核算模块与采购、销售、生产、仓储等业务系统无缝连接,实现了数据的实时传递和共享;在外部,会计核算模块可以与银行、税务等外部机构的系统直接对接,实现财务数据的自动对账和申报。这种高度集成的架构不仅提高了会计核算的效率和准确性,也为企业的业财融合奠定了坚实基础。以某大型制造企业为例,通过将智能会计核算模块与MES系统相结合,财务部门可以实时获取生产数据,准确核算产品成本;通过与CRM系统的整合,财务部门能够及时了解客户的回款情况,优化应收账款管理;通过与供应链系统的连接,财务部门可以动态监控采购金额和库存水平,减少资金占用。这些变革不仅显著提升了会计核算的质量和效率,也为企业的精细化管理和价值创造提供了有力保障。

二、企业财务共享体系资金管理模块设计

(一)资金管理模块设计原则

企业财务共享体系中的资金管理模块设计应遵循全面性、安全性、高效性和智能化四大基本原则。

1. 全面性原则

全面性原则要求资金管理模块能够涵盖企业所有的资金流动环节,实现对资金的全流程监控和管理。这不仅包括传统的资金收付、调拨、核算等基础业务,还应延伸至资金预算、融资决策、投资管理等战略层面。只有构建起完整、系统的资金管理体系,才能真正实现资金的集中管控,提升资金使用效率。

2. 安全性原则

安全性原则强调资金管理模块必须严格遵守国家法律法规和企业内控制度,切实保障资金安全。一方面,要建立严密的授权审批体系,明确各岗位的职责权限,坚持不相容职务相分离原则,有效防范资金管理过程中的舞弊风险。另一方面,要运用先进的信息技术手段,如数字证书、电子签名等,确保资金业务处理的真实性、完整性和不可抵赖性。同时,还应建立完善的风险预警和应急处置机制,提高资金管理的安全韧性。

3. 高效性原则

高效性原则要求资金管理模块能够显著提升资金业务处理的效率和质量。传统的资金管理方式往往存在业务流程散乱、人工操作烦琐、信息传递不畅等问题,极大地制约了资金运作效率。为此,共享中心必须立足业务特点,优化资金管理流程,推行标准化作业,减少冗余环节。同时,要充分利用财务信息化手段,实现资金业务的自动处理、实时监控和即时预警,最大限度地减少人工干预,提高资金管理的精细化水平。

4. 智能化原则

智能化原则强调资金管理模块应引入大数据、人工智能等前沿技术,构建智慧型资金管理体系。通过对海量财务数据的采集、存储和分析,智能化的资金管理系统能够准确预测企业未来的现金流,优化资金调度方案,实现资金的精准调配。此外,人工智能还可应用于资金异动的快速识别、风险事件的智能预警等领域,大幅提升资金管理的前瞻性和精准性。未来,数字化、智能化必将成为资金管理模块乃至整个财务共享体系的核心竞争力。

（二）智能技术整合与流程再造

智能技术的快速发展为企业财务共享服务中的资金管理模块带来了全新的变革契机。传统的资金管理流程往往存在效率低下、风险控制不足等问题，难以适应现代企业的发展需求。而智能技术的引入为资金管理流程再造提供了强大的技术支撑，有助于实现资金管理的高效化、精细化、智能化，提升企业资金运营效率和风险管控能力。

1. 全面梳理现有流程

资金管理流程再造的首要任务是全面梳理现有流程，识别其中存在的问题和优化空间。在智能技术的赋能下，企业可以通过大数据分析、流程挖掘等手段深入洞察资金管理各环节的运作状况，发现潜在的风险点和效率瓶颈。在此基础上，企业可以借助流程自动化、智能决策等技术手段对资金管理流程进行系统性重构。例如，可以通过 RPA 技术将资金划拨、对账、盘点等高度重复性的操作实现自动化处理，大幅提高工作效率，降低人工错误风险。智能技术还可以为资金调度、风险预警等决策活动提供数据分析支持，帮助管理者及时洞察资金运作动态，做出科学决策。

2. 智能合同管理

传统的合同管理方式存在人工处理效率低、合规性把控不足等弊端。而智能合同管理系统可以实现合同全生命周期的自动化管理，包括合同拟定、审批、签署、存储、催办等环节，既确保了合同条款的标准化、合规性，又能够显著提高合同处理效率。与此同时，智能合同管理还可以与资金计划、预算控制等环节深度集成，实现资金与业务活动的精准匹配和实时监控，为企业资金安全提供坚实保障。

3. 资金预测与风险管控

资金预测与风险管控是资金管理的核心职能，也是智能技术应用的重点领域。传统的资金预测往往依赖人工经验和主观判断，准确性和时效性难以保证。而智能预测模型可以综合企业内外部数据（如历史财务数据、市场环境变化、宏观经济走势等），利用机器学习算法持续优化预测结果，为资金规划提供可靠依据。在风险管控方面，智能技术可以通过设定风险规则引擎、实时监测异常行为等手段构建多维度、实时动态的风险防控体系。一旦发现潜在风险隐患,系统可自动预警并提供处置建议,确保资金安全。

三、企业财务共享体系财务分析与决策支持模块设计

(一)财务分析模块关键功能

智能技术的迅猛发展为企业财务共享体系建设注入了新的活力。在财务分析模块设计中充分融入智能技术元素已成为大势所趋。智能财务分析模块的关键功能应立足于提高财务分析的效率和质量,为企业管理层的决策提供更加及时、准确、全面的数据支持。

1. 构建智能化的数据采集和处理机制

通过智能 RPA 等技术,财务分析模块可以自动采集来自各业务系统的原始数据,并对数据进行标准化"清洗"和转换,确保数据的准确性、一致性和及时性。同时,智能技术还可以帮助实现数据的自动分类、归集和存储,为后续的财务分析提供高质量的数据基础。这种智能化的数据处理方式,可以显著提升数据处理效率,减少人工操作带来的错误,为财务分析工作节约大量时间和精力。

2. 多维度的智能分析能力

借助机器学习、数据挖掘等智能技术,财务分析模块可以从海量数据中自动发现隐藏的模式和趋势,揭示财务数据背后的业务规律和风险隐患。例如,智能分析模型可以综合考虑销售收入、应收账款、存货周转等多个指标,评估企业的营运能力和偿债风险;又如,智能算法可以通过对历史数据的深度学习,准确预测未来一段时期的现金流和资金需求,为企业的资金调度提供有力支撑。与传统的财务分析相比,智能技术赋能的财务分析更加全面、深入,能够挖掘出更多有价值的信息,为管理层决策提供更加科学、可靠的依据。

3. 灵活多样的可视化展示

通过人机交互技术,财务分析模块可以根据不同管理者的偏好提供个性化的报表展示和交互方式。管理者可以通过可视化的仪表盘直观地了解各项财务指

标的当前状态和变化趋势,并通过"钻取""切片"等交互操作深入分析具体细节。智能技术还可以支持自然语言查询,管理者只需用口语化的提问方式,就能快速获取所需的财务分析结果。这种人性化、智能化的信息展示方式,极大地提升了财务分析数据的可读性和可用性,让管理者可以更加高效、便捷地利用财务分析结果指导企业经营决策。

4.业财融合

通过智能技术,财务分析模块可以与业务系统实现无缝连接,打通财务与业务数据的边界,形成"业财一体化"的分析视角。例如,智能分析模型可以将销售数据与财务数据相结合,深入分析产品盈利能力和客户价值贡献度,为营销策略优化提供参考;又如,智能算法可以集成采购、生产、库存等业务数据,优化资金配置和运营效率,实现财务驱动的精益管理。这种财务与业务融合的分析模式,可以帮助企业更加全面、准确地评估经营状况,及时发现和解决业务运营中的问题,不断提升企业的市场竞争力。

(二)决策支持系统智能化

智能技术正深刻改变着企业财务管理的方方面面,尤其是在财务共享服务领域,人工智能、大数据分析等前沿技术的应用,为企业财务决策提供了强大助力。决策支持系统作为财务共享服务平台的重要组成部分,在智能化转型中发挥着关键作用。

传统的财务决策支持系统主要依赖历史数据和预设模型,难以适应日益复杂多变的市场环境。而智能化的决策支持系统通过机器学习算法,能够自主分析海量数据,挖掘隐藏于数据背后的规律和趋势,为财务决策提供更加准确、全面的参考依据。智能技术还能够实时监测企业内外部环境的变化,动态调整决策模型,使决策更加灵活、适应性更强。

以预算管理为例,智能化的决策支持系统可以综合考虑销售预测、成本估算、资源配置等多个因素,利用算法优化资源分配,提高预算的科学性和执行力。在项目投资决策方面,系统可以通过对市场趋势、行业动态、竞争对手等信息的深入分析,结合企业自身优势和发展战略,甄别出最优的投资方案,并实时跟踪项目进展,及时调整策略。

智能化决策支持系统的另一大优势在于它能够打破部门间的信息壁垒,实现数据在企业内部的充分共享和流通。财务、业务、人力等各部门的数据能够在统一平台上进行整合和分析，形成全局性的洞见，为决策提供更加立体、完整的视角。这种连通数据孤岛、提升协同效率的能力，正是智能化转型的核心所在。

四、企业财务共享体系税务管理模块设计

(一)税务管理模块的智能化特征

智能技术的迅速发展为税务管理模块的创新提供了广阔空间。传统的税务管理流程烦琐、效率低下，难以满足企业财务共享服务的要求。而智能化的税务管理模块则能够从智能识别、税务计算到申报过程全面赋能，显著提升税务管理的效率和质量。

智能识别技术是税务管理智能化的基础。通过机器学习算法和自然语言处理技术，智能税务管理模块可以自动识别发票、报销单据等各类税务凭证，提取关键信息(如发票号码、日期、金额等)，并与企业内部数据进行匹配校验。这一过程大幅减少了人工录入和查验的工作量，降低了差错率，为后续的税务计算奠定了坚实基础。同时，智能识别还能够及时发现异常或可疑凭证，实现税务风险的早期预警。

在税务计算环节，智能税务管理模块可以根据税法规定和企业实际情况自动计算各项税费(如增值税、所得税等)。借助规则引擎和专家知识库，系统能够准确适用税收优惠政策，并处理税务调整事项，最大限度地降低企业税负。智能税务计算不仅提高了计算效率，还能有效规避人工计算中的疏漏和错误，确保税额计算准确无误。

申报是税务管理的关键环节，智能化的申报功能可以根据税务计算结果自动生成各类税务申报表。系统可以与税务局的申报平台无缝对接，实现一键申报、自动缴税等功能，大大简化了税务申报流程。申报数据还可以与企业内部的会计核算系统实时共享，确保财税数据的一致性。智能申报功能让财务人员从烦琐的申报工作中解放出来，有更多时间和精力投入到税务分析、筹划等工作中。

此外，智能税务管理模块还具备税务大数据分析功能。系统可以汇总企业各项税务数据，生成可视化的税务分析报告，帮助管理层洞察税务风险、发现节税机会。基于大数据和机器学习技术，系统还能进行税负预测、行业对标等分析，为企

业的税务决策提供有力支持。

(二)风险管理与合规性保障

智能技术的发展为企业财务共享体系的税务管理模块带来了新的机遇和挑战。税务管理是企业财务管理中至关重要的一环,涉及税务筹划、纳税申报、税收优惠政策运用等多个方面。智能技术的应用有助于提升税务管理的效率和准确性,降低税务风险,实现合规性保障。

智能技术在税务管理模块中的应用,首先体现在税务数据的智能识别和处理上。传统的税务管理严重依赖人工操作,容易出现数据录入错误、漏报、延迟等问题;而智能技术可以通过机器学习算法,自动识别和提取发票、合同等税务相关单据中的关键信息,并将其转化为结构化数据,实现数据的标准化和规范化管理。这不仅大大提高了数据处理的效率,也降低了人工操作带来的错误风险。

其次,智能技术可以辅助企业进行智能化的税务计算和纳税申报。税法政策复杂多变,不同税种、不同地区的计税方法和税率差异较大,手工计算容易出错。税务管理模块可以嵌入税收政策知识库和计算规则引擎,根据企业的经营数据和交易信息,自动计算出各项税费,生成纳税申报表,并与税务系统对接,实现一键申报。这不仅确保了税额计算的准确性,也大幅简化了纳税流程,减轻了财务人员的工作负担。

再次,智能技术还可以协助企业进行税收筹划和风险管控。通过对企业财务数据、经营状况的智能分析,税务管理模块可以甄别潜在的税务风险点,如关联交易、转让定价等,并给出风险预警和应对建议。系统还可以基于企业的战略目标和财务状况模拟不同的税收筹划方案,评估其合规性和节税效果,为管理层决策提供参考。这有助于企业在合法合规的前提下实现税收成本的最小化。

另外,智能技术的应用也为税务管理的内外部协同提供了便利。内部方面,财务共享平台可以打破税务管理与其他财务模块的数据壁垒,实现信息的共享和交换,提升税务管理的协同效率。外部方面,智能化的税务管理模块可以与税务局、银行等外部机构的系统直连,实现税务数据的自动传输和校验,简化报税和缴税流程,降低企业的税务合规成本。

第三节 智能技术驱动下的企业财务 共享体系业务流程优化

一、企业财务共享体系业务流程自动化设计

(一)自动化工具选择

在智能技术驱动下的企业财务共享体系建设中,选择合适的自动化工具对于优化业务流程至关重要。自动化工具的选择需要综合考虑企业的业务需求和智能技术的匹配度,以实现二者的无缝对接。这一过程涉及对企业现有财务业务流程的深入分析,明确哪些环节可以通过自动化实现,哪些环节仍需人工处理。同时,需要权衡不同自动化工具的功能、性能、成本等因素,选择最佳的技术解决方案。

企业应首先对财务共享业务流程进行全面梳理和诊断,识别其中存在的问题和效率瓶颈。通过数据采集和分析,精准定位可以通过自动化手段优化的环节,如数据录入、账务处理、报表生成等重复性、规则性较强的工作。在此基础上,企业需要深入了解各类自动化工具的技术特点和应用场景,评估其与企业业务需求的契合度。例如,RPA技术擅长处理结构化数据和规则明确的流程,而智能OCR技术则可以有效提取非结构化数据,如纸质单据、发票等。人工智能技术(如机器学习、自然语言处理等)则可以在数据分析、风险预警、智能问答等方面发挥重要作用。企业需要综合评估这些技术的成熟度、集成难度、实施成本,选择最适合自身需求的解决方案。

(二)实施自动化流程

实施自动化流程是智能技术驱动下企业财务共享体系业务流程优化的关键一环。在前期梳理与分析现有流程、识别自动化潜力的基础上,财务共享中心需要谨慎选择适合的自动化工具,确保其能够与业务需求和智能技术实现无缝对接。这一过程需要财务、IT、业务等多部门的通力合作,充分考虑系统集成、数据安全、用户体验等多方面因素,制定周密的实施方案。

　　自动化流程的实施通常采用渐进式推进策略,先从局部试点入手,在小范围内进行测试和优化,积累经验和教训,再逐步推广至全局。这种由点及面、螺旋式上升的实施路径有助于降低风险,提高成功率。在试点阶段,财务共享中心要重点关注流程的准确性、效率和稳定性,通过反复测试和调试,不断完善自动化规则和算法,优化系统性能。同时,要高度重视业务部门和终端用户的反馈,及时响应并解决实施过程中遇到的各种问题,赢得组织的信任和支持。

　　随着试点取得成功,自动化流程逐步成熟,财务共享中心可以加快推广步伐,在更大范围内复制推广。这需要制订详尽的推广计划,明确时间表和路线图,合理配置人力、物力、财力等各类资源。在全面推广过程中,变革管理至关重要。财务共享中心要加强宣传引导,帮助员工正确认识自动化的意义和价值,消除疑虑和抵触情绪,积极参与变革。同时,要强化培训赋能,提升员工的数字化技能和适应能力,确保自动化流程在企业范围内顺利落地。

二、企业财务共享体系业务流程标准化与规范化

(一)制定统一的工作标准

　　企业财务共享体系的建设与优化是一个循序渐进、持续改进的过程。制定统一的工作标准是确保财务共享服务中心运营高效、输出高质的关键举措。统一的工作标准能够最大限度地规避人为因素的干扰,实现流程的标准化与规范化,从而保证财务共享服务的一致性和可复制性。

　　深入梳理企业财务业务流程,识别关键控制点和风险点是制定统一工作标准的基础。财务共享服务涵盖了从单据录入、账务处理到报表生成等一系列环节,每个环节都应有明确、详细的操作规范。这些标准应覆盖会计政策、会计核算、报表编制、税务管理、资金管理等各个方面,形成全面完整的工作指引。同时,工作标准的制定要充分考虑企业自身的业务特点和管理需求,既要符合会计准则等外部规范,又要契合企业内部管控的要求。

　　统一工作标准的建立离不开财务共享服务团队的广泛参与。一线员工处于财务运营的最前沿,对业务流程和具体操作最为熟悉,能够为工作标准的制定提供宝贵的实践经验和改进建议。高效的沟通机制和科学的项目管理,能够有效整合各方意见,形成切实可行的工作规范。在此基础上,还应建立健全培训体系,通

过系统化的学习和实操演练,使员工充分理解和掌握标准化流程,提升业务能力和执行力。

统一工作标准的生命力在于执行和持续优化。严格按照标准组织财务共享服务的日常运作是提升业务质量和效率的根本保障。通过对标准执行情况的监督与考核,能够及时发现和纠正偏差,实现流程运行的规范和高效。同时,企业内外部环境是动态变化的,统一工作标准也应随之优化调整。通过持续收集各利益相关方的反馈意见,结合最佳实践的经验,定期评估和修订工作标准,才能使其始终适应企业发展的需要。

(二)规范化流程管理

企业财务共享体系的规范化流程管理是提升财务运营效率和质量的关键举措。统一流程标准、规范化管理、持续优化可以最大限度地发挥财务共享的优势,实现财务业务的高效处理和精细化管理。在智能技术的赋能下,规范化流程管理更是焕发出新的生机和活力,为企业财务转型升级注入了强大动力。

统一的流程标准是规范化管理的基础。在财务共享模式下,各业务单元、子公司的财务业务处理必须遵循统一的流程和规范,确保业务处理的一致性和标准化。这就要求企业建立覆盖全流程的标准作业指导书,明确各个环节的操作要求、审批权限、时间节点等,为财务人员提供清晰的工作指引。同时,应定期开展流程培训,强化员工对标准流程的理解和掌握,提高其业务操作的规范性和准确性。唯有形成统一的流程语言和规范,才能真正实现财务业务的标准化处理。

规范化流程管理离不开科学有效的管控机制。一方面,要建立流程绩效考核体系,从业务处理的及时性、准确性、合规性等维度设置考核指标,并与员工绩效挂钩,调动其规范操作的积极性。另一方面,要加强流程执行的监督检查,定期开展流程稽核,及时发现和纠正执行偏差,保障流程标准落地生根。此外,还应建立健全流程问题反馈和优化机制,鼓励员工参与流程优化,持续改进流程中的痛点和堵点,不断提升规范化管理水平。

信息技术的广泛应用为规范化流程管理插上了腾飞的翅膀。RPA、人工智能等智能技术可以自动执行重复性高、规则明确的财务业务,大大提高流程运转效率,减少人工操作环节,最大限度地避免差错和舞弊风险。通过流程自动化和智能化,实现财务业务处理的标准化和精细化,有效规避人为因素的干扰,为规范化管理提供有力支撑。同时,大数据分析、可视化等技术的应用,使得企业能够及时洞察流程绩效,准确把握流程管理的薄弱环节,为优化完善流程提供科学决策依据。

三、企业财务共享体系业务流程监控与反馈机制

(一)监控流程执行

在智能技术驱动下的企业财务共享体系建设中,构建完善的业务流程监控与反馈机制至关重要。这一机制不仅能够实时监测财务操作的准确性和及时性,及时发现并解决流程中的问题,更能为财务共享服务的优化提供数据支撑和决策依据。

业务流程监控的核心在于建立科学、全面的关键绩效指标(KPI)体系。这一体系应涵盖财务共享服务各个环节的关键指标,如单据处理时间、差错率、客户满意度等。同时,KPI指标的设定要符合 SMART 原则,即具体的(Specific)、可衡量的(Measurable)、可实现的(Achievable)、相关的(Relevant)、有时限的(Time-based)。只有基于科学、合理的 KPI 体系,财务共享中心才能准确评估业务流程的运行状况,找出优化的切入点。

在确立 KPI 体系的基础上,企业还需要借助先进的信息技术手段实现业务流程的实时监控。运用大数据分析、人工智能等技术,可以自动采集和处理海量的业务数据,实时计算关键指标,并通过可视化的方式直观呈现。这种实时监控模式不仅能够及时预警流程异常,而且能够挖掘数据背后的规律和趋势,为流程优化提供信息。例如,通过对供应商发票处理时间的实时监测和大数据分析,财务共享中心发现某些供应商的发票始终处理时间较长,进而优化了对应的流程,提高了效率。

完善的业务流程监控必须与高效的反馈机制相结合。一方面,财务共享中心要建立正式的问题反馈渠道,鼓励员工主动报告流程中的问题和改进建议;另一方面,要定期收集业务部门和客户的反馈意见,全面评估财务共享服务的质量和满意度。基于这些反馈,财务共享中心可以有针对性地优化业务流程,不断提升服务水平。同时,高效的反馈机制还能促进财务共享中心与业务部门之间的沟通和协作,形成持续改进的良性循环。

(二)建立反馈机制

在建立企业财务共享体系的过程中,建立完善的反馈机制至关重要。反馈机

制是企业财务共享服务中心与业务部门之间双向沟通的桥梁。通过收集流程执行数据与员工意见，可以及时发现流程中存在的问题，并采取针对性的优化措施，实现流程的持续改进。

1.建立数据采集和分析机制

财务共享服务中心要建立数据采集和分析机制，及时、准确地收集各业务流程的执行数据。这些数据包括业务处理时间、差错率、客户满意度等关键绩效指标，以及系统运行日志、操作记录等原始数据。通过专业的数据分析工具和方法，财务共享服务中心可以全面评估流程执行的效率和质量，识别流程中的瓶颈和风险点，为流程优化提供决策依据。

2.建立员工反馈渠道

财务共享服务中心要建立员工反馈渠道，鼓励一线员工主动反映流程执行中遇到的问题和改进建议。一线员工直接参与流程操作，对流程的实际运行情况有最真实、最全面的了解。他们的意见和建议往往能够切中要害，为流程优化提供宝贵的第一手资料。财务共享服务中心可以通过定期召开员工恳谈会、设置意见箱、开展满意度调查等方式，广泛听取员工的心声，并给予积极回应。

3.建立快速响应机制

财务共享服务中心要建立快速响应机制，对收集到的问题和建议及时分析、处理和反馈。对于一线员工反映的问题，要深入调查其根本原因，制定切实可行的解决方案，并与相关部门协调落实。对于合理可行的改进建议，要充分吸收采纳，并给予员工适当的表彰和奖励。只有高效的响应机制，才能提高员工参与流程优化的积极性，形成全员参与、持续改进的良性循环。

四、企业财务共享体系业务流程协同与整合

(一)横向流程协同

企业横向跨部门流程优化与整合是实现财务共享体系高效运转的关键。财务共享服务模式打破了传统的部门壁垒，将分散在各个业务部门的财务职能集中

起来,统一进行管理和操作。这种集中化、标准化的运作方式有助于提高财务工作效率,降低运营成本,实现规模效益。然而,财务共享服务的实施也对企业内部跨部门协同提出了更高要求。

财务流程的优化和再造需要企业上下协同推进,特别是业务部门与财务共享中心的紧密配合。双方要建立顺畅的沟通渠道和工作机制,及时就流程中的问题进行讨论和决策。业务部门应主动配合财务共享中心优化流程,提供必要的数据和信息支持,确保各项财务活动有序开展。财务共享中心则要充分了解业务部门的需求和痛点,设计出匹配其业务特点、符合其实际需要的流程方案。只有双向发力、密切配合,才能真正实现财务流程的无缝衔接和高效运转。

组织架构的优化调整是推动跨部门流程整合的重要举措。企业要打破传统的职能型组织结构,建立起以流程为导向的扁平化组织架构。这种组织形式强调部门间的横向联系,有利于促进信息共享和资源整合,提高工作协同效率。例如,可以在财务共享中心和业务部门之间设置流程经理或协调员岗位,专门负责跨部门的沟通协调和流程管控,确保各项工作有序开展。又如,可以建立跨部门的流程优化项目组,由财务、业务、IT等部门人员共同参与,集思广益,优化流程。通过组织架构的扁平化和柔性化,企业能够更好地适应财务共享服务的运作特点,激发团队的协作活力。

标准化是实现跨部门流程整合的重要基础。企业要制定统一的财务业务标准和数据标准,规范财务共享服务中各项活动的操作流程、数据格式、质量要求等。统一的标准有利于实现部门间的无缝对接,减少沟通成本和协调难度,提高工作效率。例如,可以建立统一的财务业务处理平台,将采购、报销、付款等环节纳入统一流程,实现端到端的自动化处理。再如,可以制定统一的财务数据标准和编码规则,实现数据在部门间的共享和交换,减少重复录入和差错。标准化不仅能够规范财务共享中心的运作,也为业务部门的财务管理提供了规范和指引,推动形成统一、高效的财务管理体系。

绩效评估是推动跨部门流程持续优化的重要抓手。企业要建立科学的绩效评估机制,围绕财务共享服务的运营质量、服务水平、成本效益等关键指标,综合评估各相关部门的工作表现。评估结果要与部门和个人的绩效考核、奖惩机制挂钩,调动各方参与流程优化的积极性。同时,绩效评估不仅要关注财务共享中心自身的运营情况,也要评估业务部门的配合度和满意度,促进双方形成合作共赢的良性互动。通过绩效评估,企业能够及时发现流程中的问题和不足,持续改进和优化,不断提升财务共享服务的价值创造能力。

信息化建设是实现跨部门流程高效协同的重要支撑。企业要充分利用大数据、人工智能、云计算等新兴技术,构建起高度集成的财务信息化平台。通过平台的数据连通和业务串联,实现财务业务全流程的数字化、自动化、智能化处理,大幅提升流程运转效率。同时,财务信息化平台也是连接财务共享中心与业务部门的重要纽带,双方可以在平台上进行实时信息共享和业务协同,大大降低沟通和协调成本。数字化转型不仅是财务共享中心自身的发展需要,也是支撑企业整体数字化战略的重要举措,对推动企业数字化运营、数据驱动决策具有重要意义。

(二)纵向流程整合

纵向流程整合是推动企业财务共享体系业务流程优化的重要举措。财务共享服务的主要目标之一是打破业务单元之间的壁垒,实现端到端的流程贯通。这不仅需要横向跨部门的流程协同,更需要纵向上下游流程的无缝对接。只有实现了纵向流程的整合,才能真正发挥财务共享服务的效率优势和规模效应。

纵向流程整合的关键在于识别并优化上下游流程的连接点。财务共享服务中心需要与业务单元紧密沟通,深入分析业务流程,找出可以优化的环节。例如,在应收账款管理流程中,销售部门开具发票后,财务共享服务中心需要及时录入发票信息,并跟踪应收账款的收回情况。如果销售与财务之间的信息传递不及时、不准确,就会影响应收账款的管控效果。因此,优化销售与财务之间的流程衔接、建立标准化的信息传递机制,是实现应收账款管理流程纵向整合的关键。

信息技术的应用为纵向流程整合提供了有力支持。通过部署财务共享服务平台,可以实现业务单元与财务之间的数据自动传递和集成,减少人工录入和信息错误。例如,在费用报销流程中,员工提交报销申请后,相关信息可以自动流转到财务共享服务中心进行审核和处理,审批结果也可以实时反馈给员工。这种端到端的流程自动化不仅提高了效率,也增强了员工的体验感。同时,数据的标准化和集中管理为财务分析和决策提供了更好的支持。

纵向流程整合还需要与组织变革相结合。传统的职能式组织结构容易导致部门之间的信息孤岛和流程断点。而面向流程的组织模式,强调跨部门协作和端到端的流程管理。因此,推行财务共享服务需要打破部门界限,建立矩阵式或项目制的组织形式。这种组织变革不仅有利于流程的整合优化,也有助于提升组织的柔性和应变能力。

第四节　智能技术驱动下的企业财务 共享体系信息系统集成

一、信息系统集成的总体框架设计

(一)结构层次与功能模块划分

信息系统集成的总体框架设计是智能技术驱动下企业财务共享体系建设的关键环节,它为各子系统的有机融合、高效协同提供了基础性架构。在设计总体框架时,需要立足企业财务共享服务的业务需求和管理目标,遵循系统性、开放性、标准化等基本原则,合理划分系统的结构层次和功能模块。

从结构层次看,财务共享信息系统通常采用多层架构设计。最底层是由服务器、存储设备、网络设备等组成的基础设施层,为系统运行提供了高可用、高性能的物理环境。在此之上,是由操作系统、数据库管理系统等构建的平台层,它为上层应用提供了标准化的开发和运行接口。核心的应用层则包括财务核算、资金管理、预算管理、成本控制、绩效考核等各项财务业务功能模块,以及工作流引擎、报表引擎等支撑性系统。最上层的表现层通过门户网站、移动 App 等方式为用户提供友好、便捷的访问渠道。这种分层架构有利于系统的灵活扩展和持续优化,使各层次组件能够独立演进、互不干扰。

从功能模块划分看,财务共享信息系统需要全面支撑财务业务的运转和管理。核心的业务模块应围绕"统一核算、集中管理、分级授权、规范操作"的原则进行设计。例如,会计核算模块要实现总账、应收应付、固定资产、存货管理等子功能,确保会计处理的标准化和规范化;资金管理模块要包含资金预测、收支管理、资金调度等环节,做到资金的统筹安排和高效使用;预算管理模块要支持预算编制、执行监控、绩效评价等全过程管理,强化预算的刚性约束作用。除了这些业务模块,共享信息系统还需要工作流平台来优化业务流程、提高工作效率,需要报表平台来满足管理决策和外部监管的数据需求,需要主数据管理来确保数据标准的统一性和规范性。总之,功能模块的划分要全面覆盖财务共享业务,抓住业财融合、数据价值、流程再造等关键领域,体现以业务驱动 IT、以 IT 赋能业务的设计理念。

（二）技术选型与架构标准

智能技术的飞速发展为企业财务共享体系的建设提供了强大的技术支撑。在信息系统集成的过程中，技术选型和架构标准的制定起着关键作用。企业需要根据自身的业务特点、信息化现状以及未来发展需求，选择合适的技术路线和工具，构建标准统一、可灵活扩展的系统架构。

（1）企业应全面评估财务共享服务中心的业务需求，明确系统建设的目标和范围。这需要财务、IT、业务等多部门通力合作，深入分析财务业务流程，梳理数据源和数据流向，识别关键风险点和控制要求。只有在充分了解业务需求的基础上，才能选择契合的技术方案，避免盲目跟风和过度投资。

（2）企业需要制定统一的技术架构标准，确保各子系统之间的无缝对接和数据共享。这包括数据架构、应用架构、安全架构等多个层面。在数据架构层面，要建立企业级的主数据管理体系，规范数据标准、数据模型和数据交换接口，实现数据的一致性和可追溯性。在应用架构层面，要合理划分系统功能模块，采用松耦合、微服务化的设计理念，提高系统的可维护性和可扩展性。在安全架构层面，要遵循等保标准，构建纵深防御体系，保障数据的机密性、完整性和可用性。

（3）企业需要选择成熟稳定、易于集成的技术平台和工具。当前，云计算、大数据、人工智能等新兴技术正在重塑企业 IT 架构，为财务共享服务赋能。企业可以充分利用这些技术打造智能化、自动化的财务业务处理平台。例如，采用云原生架构，实现系统的弹性伸缩和快速交付；应用大数据分析技术，提升财务决策的科学性和预见性；引入 RPA 等智能工具，优化财务流程，提高运营效率。同时，要注重与企业原有系统的兼容性，降低数据迁移和业务割接的风险。

（4）技术选型和架构设计还需要兼顾系统的性能、成本和用户体验。在性能方面，要确保系统能够支撑高并发、大流量的业务处理需求，满足财务核算、报表分析等关键场景的时效性要求。在成本方面，要权衡系统建设和运维的投入产出比，选择性价比高的技术方案，避免过度设计和资源浪费。在用户体验方面，要以用户为中心，优化界面设计和交互流程，为财务人员提供便捷、高效的操作体验。

（三）安全性与可扩展性考量

安全性和可扩展性是构建企业财务共享服务体系信息系统框架的两大关键

考量因素。随着企业业务的不断发展和外部环境的快速变化,财务共享服务体系面临着日益复杂的风险挑战和不断增长的业务需求。因此,在设计信息系统框架时,必须充分考虑如何有效防范各类风险,并为未来的业务拓展和技术升级预留足够的空间。

从安全性角度来看,财务共享服务体系涉及企业的核心财务数据和业务流程,一旦出现数据泄露、系统崩溃等安全事故,将给企业带来难以估量的损失。为了最大限度地降低安全风险,信息系统框架应遵循严格的安全标准和规范,采用多层次、多方位的安全防护措施。首先,要通过身份认证、访问控制等技术手段,确保只有授权用户才能访问系统,防止非法入侵和数据窃取。其次,要建立完善的数据备份和容灾机制,定期对关键数据进行异地备份,确保在发生故障时能够及时恢复业务。再次,要加强系统监控和安全审计,实时监测系统运行状态,及时发现和处置潜在的安全隐患。此外,还要重视员工的安全意识教育,提高其防范风险的能力,培养良好的安全习惯。

从可扩展性角度来看,财务共享服务体系必须能够适应企业未来业务的发展需要和技术的演进趋势。一方面,随着企业业务规模的不断扩大,财务共享服务的范围和深度也将持续拓展,这就要求信息系统具有良好的横向扩展能力,能够灵活调整和新增业务模块,满足不断变化的业务需求。另一方面,信息技术日新月异,新的技术手段和解决方案层出不穷,财务共享服务体系必须能够紧跟技术发展的步伐,平滑过渡和升级现有系统,充分发挥新技术的优势。为此,信息系统框架应采用前瞻性的技术架构和标准规范,预留充足的接口和扩展点,实现组件化、服务化、参数化的设计,减少系统耦合度,提高可维护性和可升级性。同时,要建立灵活的业务规则引擎,实现业务逻辑与系统实现的分离,方便业务的快速调整和变更。

二、数据接口与数据交换标准化

(一)数据接口的设计原则

数据接口设计是确保企业财务共享体系信息系统集成顺畅运行的关键环节。为了实现数据的高效传输和准确处理,数据接口的设计必须遵循一系列基本原则。

1.标准化原则

数据接口应具备标准化特征。这意味着接口的定义、命名、参数、格式等要素都需要符合统一的规范,避免因接口不兼容而导致数据传输障碍。标准化的接口不仅能够降低系统集成的复杂度,提高开发效率,还能够最大限度地实现数据的互联互通,为后续的数据分析和决策提供可靠基础。

2.模块化原则

模块化是指将复杂的系统划分为相对独立的子模块,每个模块负责特定的功能,并通过明确定义的接口与其他模块交互。在财务共享服务中心的信息系统集成过程中,模块化的接口设计能够有效解耦各子系统,降低系统的耦合度。这不仅有利于系统的可维护性和可扩展性,更能够提升数据传输的稳定性和可靠性。通过模块化设计,即便个别模块出现异常,也不会影响整个系统的运转,从而大幅提升系统的健壮性。

3.灵活性和适应性兼顾原则

在瞬息万变的商业环境下,企业的业务模式和管理需求都可能发生变化,这就要求财务共享服务平台具备快速响应变化的能力。灵活性、适应性强的接口设计能够最大限度地降低业务变更对系统的影响,使系统能够快速调整和优化,持续满足企业发展的需要。例如,通过采用松耦合的架构设计、引入中间件等技术手段,可以将业务逻辑与具体的接口实现分离,从而实现接口的灵活配置和动态调整。

4.安全性原则

财务数据涉及企业的核心机密,一旦外泄或遭到篡改,将给企业带来难以估量的损失。因此,数据接口必须具备完善的安全防护机制,对数据的访问和传输进行严格的权限控制和加密处理。通过采用多因素身份认证、数字签名、传输加密等多重安全措施,可以全方位保障财务数据的机密性、完整性和不可抵赖性,为企业的财务管理提供坚实的安全保障。

5.高性能原则

在财务共享服务模式下,海量的财务数据需要在各个子系统之间实时传输和交换,这对接口的处理性能提出了极高的要求。性能不佳的接口设计不仅会影响数据传输的时效性,更会成为系统运行的瓶颈,制约整个财务共享平台的效率。因此,在接口设计时需要充分评估数据交换的并发规模,合理设置接口的吞吐量、响应时间等性能指标,并通过负载均衡、缓存等机制来优化接口的性能表现,从而保证财务数据能够在高并发、高流量的场景下稳定、高效地传输。

(二)建立统一数据交换格式

在企业财务共享体系建设中,建立统一数据交换格式是实现信息系统高效集成的关键。传统的企业信息系统往往由不同的供应商开发,采用各自独特的数据格式和标准,导致系统之间难以实现数据的无缝对接和共享。这不仅影响了财务共享服务的效率和质量,也制约了企业的数字化转型进程。因此,建立统一的数据交换格式已成为智能技术驱动下企业财务共享体系建设的重要任务。

建立统一数据交换格式需要遵循科学合理的设计原则。首先,数据格式应具有普适性和兼容性,能够支持各类财务业务场景和数据类型,满足不同系统之间的交互需求。其次,数据格式应具有可扩展性和灵活性,能够适应企业业务的动态变化和未来发展需要。再次,数据格式应符合相关的行业标准和规范,如可扩展商业报告语言(eXtensible Business Reporting Language,XBRL)、可扩展标记语言(eXtensible Markup Language,XML)等,以提高数据的规范化程度和互操作性。另外,数据格式的设计应充分考虑数据安全和隐私保护,采用加密、脱敏等技术手段,确保数据在传输和存储过程中的机密性和完整性。

建立统一数据交换格式还需要相应的管理制度和流程予以保障。企业应成立专门的数据治理委员会,负责制定数据交换格式的标准规范,协调各部门之间的数据共享需求,监督数据交换格式的执行情况。同时,企业还应建立数据质量管理机制,对数据的准确性、完整性、一致性等进行持续评估和改进,确保数据交换格式在实际应用中的有效性。

建立统一数据交换格式对于降低企业财务共享体系的集成成本和风险具有重要意义。通过采用标准化的数据格式,企业可以大大简化系统之间的接口开发和测试工作,缩短系统集成周期,降低集成成本。此外,统一的数据格式还有利于提高数据传输的效率和可靠性,减少数据转换过程中的错误和丢失,从而提升财务共享服务的质量和响应速度。

(三)优化数据交换流程

优化数据交换流程是企业财务共享体系信息系统集成的关键环节之一。在智能技术的驱动下,传统的数据交换方式已经难以满足企业财务管理的需求。为了提高数据交换的效率和准确性,企业需要从流程设计、技术应用、安全管控等多个角度入手,全面分析并改进现有的数据交换流程。

1. 重新审视数据交换流程的设计

企业应该重新审视数据交换流程的设计,梳理各个环节的逻辑关系和业务需求。通过流程再造,企业可以简化冗余步骤,优化数据传输路径,减少人工干预,最大限度地提高数据交换的自动化程度。同时,企业还应该建立标准化的数据交换接口和协议,确保不同系统之间的无缝对接和数据格式的统一,从而降低数据转换和处理的成本。

2. 提升数据交换的效率和质量

企业需要充分利用智能技术提升数据交换的效率和质量。大数据分析技术可以帮助企业实时监测数据交换过程,及时发现并解决潜在的异常和错误。人工智能算法可以智能化地匹配和校验数据,提高数据映射的精准度。区块链技术则可以为数据交换提供可信的分布式网络环境,确保数据的真实性、完整性和不可篡改性。云计算平台则为数据交换提供了灵活可扩展的基础设施,使企业能够根据业务需求动态调整数据处理方式。

3. 数据安全和隐私保护

在数据交换过程中,企业需要采取严格的安全管控措施,防范数据泄露、篡改、丢失等风险。这包括建立完善的数据加密机制、访问控制策略、异常行为监测等技术手段,同时要加强数据安全意识教育,提高相关人员的风险防范能力。对于涉及商业机密、个人隐私等敏感数据,企业还需要遵循相关法律法规要求,确保合规性。

4. 建立数据质量管理体系

企业还应该建立数据质量管理体系,持续监测和改进数据交换过程中的数据质量。这包括制定数据质量标准，开展数据质量评估，识别数据缺陷，并及时进行数据"清洗"和修正。通过数据质量管理，企业可以有效提高财务数据的准确性、完整性和一致性，为后续的财务分析和决策提供可靠的数据支撑。

5.充分调动内外部资源

优化数据交换流程还需要企业充分调动内外部资源，加强跨部门协作和外部合作。财务、IT、业务等部门需要密切配合，共同推进数据交换流程的优化和改进。企业还可以借鉴行业最佳实践，学习标杆企业的成功经验，或与外部专业机构开展合作，引入先进的理念、技术和方法，不断提升数据交换的效率和水平。

三、信息系统集成的运维与支持

(一)运维管控流程的构建

制定有效的运维管控流程是智能技术驱动下企业财务共享体系信息系统集成的关键环节。随着企业数字化转型的不断深入，财务共享服务的范围和深度也在持续拓展，对信息系统的依赖程度越来越高。如何确保财务共享信息系统的稳定运行，提供持续、高质量的服务，已经成为企业财务管理者的重要课题。

运维管控流程的设计应立足于信息系统集成的特点和需求。一方面，财务共享信息系统涉及多个子系统和模块，如财务核算系统、预算管理系统、资金管理系统等，这些系统之间存在错综复杂的接口和数据依赖关系。因此，运维管控流程必须兼顾系统的整体性和协同性，统筹各个子系统的运维活动，避免局部优化导致的系统性风险。另一方面，财务共享服务对信息系统的可用性、安全性、时效性有着极高的要求。运维管控流程应重点关注系统的性能监控、故障处理、灾备演练等，最大限度地减少系统中断时间，保障业务连续性。

制定有效的运维管控流程应包括以下几个方面：第一，建立完善的运维组织体系和制度规范。企业应设立专门的信息系统运维部门，配备专业的运维人员，明确各岗位的职责和权限。同时，要制定规范化的运维管理制度，包括变更管理、事件管理、问题管理等，为运维活动提供制度保障。第二，实施精细化的系统监控和告警机制。运维部门应全面监控信息系统的运行状态，包括硬件设备、网络环境、应用程序等，及时发现和定位潜在的故障隐患。同时，要建立多层次、差异化的告警机制,根据故障的严重程度和影响范围采取不同的应对措施。第三,建立快速响应的故障处理流程。一旦发生系统故障,运维部门要第一时间响应并展开排查,迅速确定故障原因和影响范围。在故障处理过程中,要与业务部门保持密切沟通,及时通报进展情况,必要时启动应急预案,确保业务连续性。第四,开展定期的系统优化和容量管理。运维部门应持续跟踪信息系统的性能指标和资源利用率,结合业务发展需求,适时开展系统优化和升级。同时,要做好容量规划和管理工作,提前预判业务高峰期的资源需求,避免出现系统过载的情况。第五,重视运维团队的技能培养和经验积累。信息技术日新月异,运维团队必须与时俱进,不断学习新的技术和工具,提升运维管理水平。同时,要鼓励运维人员总结经验、分享心得,形成良性的知识沉淀和传承机制。

(二)技术支持体系的构建

智能技术驱动下的企业财务共享体系信息系统集成离不开一套完善的技术支持体系。这一体系需要围绕信息系统集成的各个环节,提供全方位、多层次的技术保障,以确保系统的稳定运行和持续优化。

1.明确技术支持的内容和范围

一方面,技术支持需要覆盖信息系统集成的全生命周期,从前期的需求分析、方案设计,到中期的开发实施、测试验证,再到后期的运维管理、优化升级,每个环节都需要匹配适当的技术支持资源。另一方面,技术支持还需要兼顾系统集成的各个层面,包括基础设施层、数据层、应用层和用户层,针对不同层面的技术特点和需求,制定差异化的支持策略。

2.搭建一套科学合理的技术支持组织架构

这一架构应该由各类技术专家组成,涵盖系统架构、数据管理、应用开发、运维安全等多个领域。不同领域的专家需要各司其职、密切协作,形成一个有机整体。同时,企业还需要建立清晰的技术支持流程和规范,明确各个环节的职责分工、工作标准和质量要求,确保技术支持工作规范有序开展。

3.组建高素质的技术支持团队

企业需要重视技术人才的引进和培养,建立完善的人才选拔、培训和考核机制。一方面,要引进具有丰富实践经验和前瞻性视野的高端技术人才,为系统集成提供战略指导和技术把关;另一方面,要加强对内部技术人员的培训和赋能,帮助其掌握先进的技术理念和实践技能,不断提升技术支持的专业化水平。

4. 运用先进的技术支持工具和手段

企业应积极引入自动化运维、智能监控、远程协助等先进技术手段,借助人工智能、大数据等新兴技术的力量实现技术支持工作的智能化和精细化管理。通过构建一体化的技术支持平台,企业可以实现技术支持资源的集中调度和优化配置,提高问题响应和处置的时效性,降低系统运行的风险和成本。

(三)运维团队的培训与管理

智能技术驱动下的企业财务共享体系建设中,运维团队的培训与管理至关重要。运维团队作为系统的"守护者",肩负着保障系统稳定运行、及时响应故障、不断优化性能的重任。一支高素质、高效率的运维团队是确保财务共享体系长期健康运转的关键因素之一。

1. 构建全面、系统的培训体系

首先,培训内容应涵盖财务共享体系的各个方面,包括系统架构、业务流程、数据标准、应用场景等,使运维人员全面掌握系统的整体情况。其次,培训形式应多样化,理论学习与实践操作并重,案例分析与问题讨论交替进行,提高培训的针对性和实效性。再次,培训应常态化、制度化,建立培训考核机制,将培训与绩效考评、职业发展相结合,调动运维人员的主动性和积极性。

2. 建立科学、规范的管理制度

一方面,要明确岗位职责,制定标准化的工作流程和操作规范,减少人为失误,提高工作效率。另一方面,要完善绩效考核和激励机制,将系统运行情况、故障处理效率等指标纳入考核范畴,建立与之相适应的薪酬体系和晋升通道,激发运维人员的工作热情和责任心。还应重视团队文化建设,营造协作共进、勇于创新的良好氛围,增强团队凝聚力和向心力。

3.紧跟智能技术发展的步伐

运维团队还应紧跟智能技术发展的步伐,主动学习和应用新技术、新工具。如大数据分析可应用于系统性能优化和故障预警,人工智能算法可应用于自动化运维和智能决策,区块链技术可应用于数据安全和隐私保护等。运维团队要勇于探索和实践,将先进技术与财务共享体系深度融合,不断提升系统的智能化水平和运行效率。

第四章　智能技术驱动下的企业财务共享体系实施与管理

第一节　智能技术驱动下的企业财务共享人员培训与转型

一、智能技术基础知识培训

(一)基本概念与原理理解

在智能技术的快速发展和广泛应用背景下,企业财务共享人员必须掌握人工智能、大数据、区块链等前沿技术的基本概念和工作原理,才能适应新时代的工作要求。人工智能技术通过模拟人类智能,可以自动完成数据处理、模式识别、知识推理等任务,大大提高财务共享工作的效率和准确性。例如,机器学习算法可以根据历史数据自动生成财务报表,自然语言处理技术可以智能化处理发票等非结构化数据,知识图谱可以快速挖掘财务数据中的关联规律。掌握人工智能的基本原理有助于财务共享人员理解系统的工作机制,优化工作流程,提升数据分析和决策支持能力。

大数据技术为企业财务管理提供了前所未有的数据支撑。财务共享中心通过整合企业内外部的结构化、非结构化数据建立统一的数据仓库和数据集市,实现数据的集中管理和共享应用。运用大数据分析方法(如关联分析、聚类分析、预测分析等),可以从海量复杂数据中提炼有价值的信息,洞察业务运营状况,优化资源配置,支撑管理决策。因此,财务共享人员需要掌握大数据的基本概念、数据采集与处理、数据分析与可视化等核心技术,提升数据敏感性和数据思维能力,用数据驱动财务转型升级。

(二)应用场景分析

智能技术的快速发展为企业财务共享服务带来了新的变革机遇。通过人工智能、大数据、区块链等前沿技术的应用,财务共享服务模式正在发生深刻变化,呈现出智能化、精细化、高效化的新特征。

从流程自动化的角度来看,人工智能技术的引入极大提升了财务共享服务的效率和质量。智能机器人可以代替人工完成发票识别、数据录入、信息核对等重复性的工作,不仅节约了人力成本,更降低了差错率。同时,自然语言处理、语音识别等人工智能技术的应用,进一步拓展了财务共享的边界,实现了非结构化数据的自动处理,使得财务流程的自动化水平不断提高。

大数据分析技术为企业财务管理决策提供了有力支撑。海量的财务数据通过大数据平台进行采集、存储和分析挖掘,能够揭示业务运营中隐藏的模式和趋势,为企业的资金管理、成本控制、风险防范等提供数据信息。例如,通过对应收账款、存货周转等关键财务指标的实时监控和预测分析,财务共享服务可以及时发现潜在风险,提出优化建议,助力企业提升财务管理水平。大数据技术的应用使得财务共享服务从简单的事务处理向价值创造转变,成为企业决策的重要参考。

区块链技术在财务共享领域同样具有广阔的应用前景。基于区块链的分布式账本、智能合约等特性,可以构建安全、透明、不可篡改的财务信息共享机制。在供应链金融场景下,区块链技术有助于实现业务流程和资金流的可信对接,降低融资成本,提高资金周转效率。在审计领域,区块链技术为实时审计、在线审计提供了技术基础,有利于提升审计的时效性和准确性。区块链技术与财务共享服务的深度融合,将推动企业财务管理模式的变革创新。

二、财务共享系统操作技能培训

(一)掌握系统功能

掌握财务共享系统的功能对于财务共享人员来说至关重要。只有透彻理解系统的各项功能模块,才能在实际工作中灵活运用,发挥系统的最大效用,提升财务共享服务的效率和质量。因此,系统功能的培训应作为财务共享人员培养的重中之重,采取模拟操作等实践性教学方式,确保员工真正掌握系统的操作要领。

系统功能培训应围绕财务共享业务的核心流程展开。作为一个集成化的信息平台,财务共享系统通常包括账务处理、资金管理、税务管理、报表分析等多个功能模块。每一个模块都涉及复杂的业务规则和操作步骤,需要员工投入大量时间、精力方能掌握。在培训过程中,讲师应结合具体业务场景,详细讲解各个模块的功能特点、操作流程、注意事项等,引导员工在模拟环境中多次练习,巩固所学知识。

账务处理是财务共享系统的基础功能,涵盖了从原始凭证录入到账务审核、过账的全过程。培训中,员工需要掌握凭证录入的标准格式,了解系统的自动校验规则,学会处理常见的录入错误。同时,员工要熟悉账务审核的关键控制点,掌握凭证复核、过账、结账等一系列操作,确保账务处理的准确性和及时性。通过反复练习,员工要能够熟练完成从业务单据到会计账簿的全流程处理。

资金管理模块是财务共享系统的一项重要功能,涉及资金计划、收付款管理、资金调拨等诸多方面。在培训过程中,员工需要深入理解资金管理的业务逻辑,掌握资金计划的编制方法,学会在系统中录入和审核各类收付款单据,并能够处理资金调拨、资金余额调节等特殊业务。通过学习资金管理模块,员工能够更好地参与企业的资金运作,提升资金使用效率。

税务管理是财务共享服务的一项专业性很强的业务,对员工的税务知识和操作技能提出了较高要求。税务管理模块通常包含发票管理、纳税申报、税务分析等功能,覆盖了税务工作的各个环节。培训中,讲师要重点讲解税法知识,帮助员工掌握不同税种的计算方法和申报流程。同时,员工还要学会在系统中完成发票的验真、认证、统计等操作,并能够结合税务分析进行纳税筹划。

报表分析模块为企业管理层提供决策支持,是财务共享系统的一大亮点。该模块集成了财务报表和管理报表,能够多维度展示企业的经营成果和财务状况。员工需要在培训中掌握各类报表的生成方法,了解常用的财务指标及其分析方法,并学会使用系统的查询、钻取等分析功能。通过学习报表分析模块,员工能够及时准确地提供财务信息,为企业经营决策提供有力支撑。

(二)效率优化技巧

在快速发展的智能技术时代,企业财务共享服务模式正发生深刻变革。面对日益增长的数据处理需求和不断优化的业务流程,传统的人工操作已难以满足。智能工具的应用成为财务共享中心提升效率、保证质量的必由之路。为充分发挥智能技术的优势,财务共享人员必须掌握相关工具的使用技巧,在数据处理和报告生成等关键环节大幅提升工作效率。

RPA作为智能财务的代表性工具,可以通过预先设定的规则自动执行大量重复性的财务处理任务,如发票处理、数据录入、报表生成等。财务共享人员应熟练掌握 RPA 软件的界面操作、参数设置、流程录制等功能,将日常工作中的规则固化到 RPA 脚本中。通过部署软件机器人 7×24 小时不间断运行,可显著提高财务数据处理的速度和准确率,将人力从烦琐的低附加值工作中解放出来。

OCR 技术的应用从根本上改变了财务凭证的处理方式。传统的人工录入容易产生错漏,效率低下。OCR 系统可快速、准确地提取发票、合同等非结构化凭证中的关键信息,自动生成结构化的数字化记录,实现批量化的凭证处理。财务共享人员应学习 OCR 系统的模板训练、人机校验等操作,建立起完善的知识库,不断提高信息抽取的全面性和精准度。

数据可视化工具(如 Power BI,Tableau 等)是财务共享人员进行多维度数据分析和自动化报告生成的利器。通过拖拽式操作,快速实现数据接入、图表绘制、仪表盘设计,使复杂的财务数据一目了然。共享人员应重点掌握数据建模、度量定义、筛选钻取、高级计算等功能,探索数据背后的业务信息。借助可视化工具生成的实时动态报表,管理层能及时把控企业的财务状况,做出更加准确、高效的决策。

三、数据分析与处理能力提升

(一)数据质量控制

数据质量控制是智能技术驱动下企业财务共享体系实施与管理的关键环节。随着大数据、人工智能等新兴技术的快速发展,企业财务共享服务中心每天都要处理海量的财务数据。这些数据来源多样、格式各异,如何确保其准确性和一致性,已经成为财务共享体系高效运转的重要前提。

高质量的数据是财务共享服务的生命线。只有建立起完善的数据治理体系,制定严格的数据质量控制标准和规范,才能为财务决策提供可靠依据,全面提升财务管理水平。数据质量控制应贯穿财务共享服务的全过程,从数据采集、"清洗"、存储到分析应用,每一个环节都需要遵循规范、把好质量关。

在数据采集阶段,财务共享中心要明确数据采集的范围、口径和频率,确保采集的数据完整、准确、及时。同时,要建立数据录入规范和标准,减少人工录入过程中的错误和遗漏。先进的智能化采集工具(如 OCR、RPA 等),可以有效提高数据采集效率,降低错误率。

数据"清洗"是保证数据质量的重要手段。财务共享中心要建立专门的数据"清洗"团队和流程,及时发现并解决数据中的异常值、重复值、缺失值等问题。运用大数据分析、机器学习等技术,可以智能化识别数据质量问题,大幅提升"清洗"效率和准确性。同时,要建立数据质量评估和反馈机制,持续监测和改进数据质量。

规范的数据存储是数据质量控制的基础。财务共享中心要设计合理的数据存储结构和格式,提高数据的可访问性和可用性。云计算、分布式存储等技术的应用,可以有效提升数据存储的安全性、可靠性和扩展性。统一的数据字典和元数据管理,可以消除数据孤岛,实现数据共享和价值释放。

(二)分析工具运用

在智能技术快速发展的时代,企业财务共享体系建设面临着新的机遇与挑战。财务共享人员需要掌握数据分析工具的运用,利用数据分析软件对财务数据进行深入挖掘和洞察,为企业决策提供有力支撑。这是财务共享人员能力提升的关键环节,也是智能财务共享体系高效运转的重要保障。

数据分析工具是现代财务管理的利器。面对海量的财务数据,传统的人工处理方式已难以满足企业的需求。财务共享人员必须熟练运用数据分析软件(如Power BI,Tableau等)快速处理和分析财务数据,提取有价值的信息。通过可视化图表和仪表盘,财务共享人员能够直观呈现财务状况,识别潜在风险,优化资源配置。数据分析工具的运用,不仅能提高财务共享工作的效率和准确性,更能为企业战略决策提供数据支撑。

数据分析工具的应用需要与业务实践紧密结合。财务共享人员应深入了解企业业务流程和经营模式,明确数据分析的目标和需求。在此基础上,有针对性地选择合适的分析工具和方法,设计分析模型,挖掘数据价值。例如,通过对销售数据的多维度分析,识别销售业绩的影响因素;通过对成本数据的追踪分析,寻找降本增效的机会;通过对现金流数据的预测分析,优化资金调度和投资决策。财务共享人员要立足业务实际,灵活运用数据分析工具,将数据洞察转化为业务价值。

数据分析工具的有效运用离不开数据质量的保障。"垃圾进,垃圾出"是数据分析的大忌。财务共享人员要高度重视数据质量管理,建立健全数据治理体系。

通过数据标准化、数据"清洗"等手段，确保数据的准确性、完整性和一致性。同时，要加强数据安全防护，防范数据泄露和不当使用。高质量的数据是数据分析工具发挥效用的前提，也是财务共享体系平稳运行的基石。

此外，数据分析工具的运用还需要与其他智能技术协同配合。大数据、人工智能、区块链等新兴技术为财务数据分析开辟了新的空间。财务共享人员要紧跟技术前沿，探索智能技术与数据分析工具的融合应用。例如，利用机器学习算法优化财务预测模型，提高预测的准确性；运用自然语言处理技术解析非结构化财务数据，拓展数据分析的广度；结合区块链技术确保财务数据的不可篡改性，增强数据分析结果的可信度。多种智能技术与数据分析工具的协同创新，将进一步释放数据价值，赋能智能财务共享体系建设。

（三）报告撰写与表达

数据分析结果的报告撰写是财务共享人员必备的关键技能之一。高质量的分析报告不仅能够准确传递数据背后的业务洞见，为管理决策提供有力支撑，更能彰显财务共享人员的专业能力和价值贡献。然而，许多财务共享人员在报告撰写方面仍存在诸多不足，如数据罗列多于分析、缺乏业务联系、表达晦涩难懂等，这严重影响了报告的可读性和说服力。

要提高数据分析报告的撰写水平，财务共享人员首先需要明确报告的目的和受众，根据不同的管理层级和业务部门定制报告内容。通过提炼关键指标，选取恰当的数据维度，财务共享人员能够聚焦最能体现业务本质、引起管理者兴趣的数据要素。在此基础上，报告应着重阐释数据反映的业务问题、成因和影响，提出切实可行的优化建议。这就要求财务共享人员深入了解业务运营流程，洞察数据波动背后的管理痛点，运用财务专业知识和分析方法诊断问题根源，提出专业性、建设性的改善方案。

报告的表达方式也直接影响分析结果的传播效果。财务共享人员要摒弃晦涩难懂的专业术语，采用管理者易于理解的语言阐释复杂的财务逻辑。要善于运用图表等可视化工具直观呈现数据走势和对比关系。要注重报告的逻辑结构和文字表达，确保各部分前后呼应、重点突出，语言精练、通俗易懂。同时，财务共享人员还要掌握熟练的 PPT 制作技巧，通过页面布局、配色方案、动画效果等，充分调动管理者的视觉体验，强化报告的感染力和印象度。

四、人员角色与职责转型

(一)角色定位与职责分析

在智能技术快速发展的时代背景下,企业财务共享体系建设面临着新的机遇与挑战。为了适应这一趋势,财务共享人员需要重新定位自身角色,明确岗位职责,以满足智能化转型的要求。这既是顺应时代发展的必然选择,也是提升个人职业竞争力的现实需要。

财务共享人员角色定位的核心是从传统的业务处理型向智能化管理型转变。过去,财务共享人员主要承担着账务处理、报表编制等事务性工作,重点在于按照规定流程完成既定任务。而在智能技术的赋能下,大量重复性、规则性的工作都可以通过系统自动完成,财务共享人员需要转变思路,着眼于对系统的管理和优化,发挥人工智能无法替代的专业判断和分析能力。这就要求财务共享人员具备扎实的财务专业知识,熟悉智能财务系统的运行原理,能够结合业务实际对系统进行参数设置、流程优化和异常处理。同时,财务共享人员还需要具备一定的数据分析能力,善于利用财务大数据开展多维度、动态化的业绩分析和预测,为管理决策提供有价值的参考。

(二)转型过渡策略

实现财务共享体系从传统向智能化的平稳过渡,制定科学合理的人员转型策略至关重要。这不仅关乎财务共享中心的运营效率和服务质量,更关乎企业整体的竞争力和可持续发展。

1.明确角色定位和职责边界

在智能财务共享模式下,财务人员不再是简单的数据录入者和核对者,而是需要转变为业务分析和决策支持的提供者。这就要求财务人员具备全局视角和战略思维,能够基于数据洞察业务痛点,为管理层提供有价值的建议。同时,财务人员需要与业务部门保持紧密沟通,及时了解业务需求变化,调整财务服务的侧重点。唯有如此,才能真正实现财务与业务的深度融合,提升财务共享的价值创造力。

2.培养复合型人才

智能财务共享模式对财务人员的专业能力提出了更高要求。除了扎实的财务专业知识外,财务人员还需要掌握数据分析、流程管理、信息系统等多方面技能。企业应制订针对性的培训计划,帮助财务人员掌握智能技术的基本原理和应用场景,熟练运用共享服务平台开展工作。同时,鼓励财务人员主动学习新知识、新技术,提升自身的数字化素养和创新能力。唯有建立一支高素质、懂业务、善创新的财务人才队伍,才能为智能财务共享体系的建设提供坚实的人力支撑。

3.塑造企业文化

智能财务共享模式不仅意味着工作方式的转变,更意味着思维方式的革新。企业需要营造鼓励变革、勇于创新的文化氛围,消除员工对新技术的抵触情绪,激发其主动推进变革的斗志。领导者应身先士卒,用实际行动展现对财务共享转型的决心和支持。同时,要建立健全激励机制,对在转型过程中做出突出贡献的员工给予认可和奖励,以此调动全员参与的积极性和创造性。只有形成上下一心、齐心协力的合力,才能推动财务共享体系顺利实现从传统向智能化的蜕变。

第二节　智能技术驱动下的企业财务
共享体系运营与维护

一、智能技术在企业财务共享体系中的日常运营

(一)运营流程自动化实践

智能技术的迅速发展正在重塑企业财务共享体系的运营方式。通过引入自动化、人工智能等先进技术,企业可以显著简化财务共享服务流程,提高运营效率和质量。流程自动化是智能化运营的重要基础。传统的财务共享服务模式往往涉及大量重复性、规则性的工作,如发票处理、数据录入等,这不仅效率低下,而且

容易出错。智能技术的应用能够有效解决这一问题。例如,通过机器学习算法,系统可以自动识别和提取发票关键信息,并将其录入财务系统,大大减少人工操作的环节。再如,RPA 技术可以模拟人类在电脑上的操作,自动完成数据处理、报表生成等任务,显著提升流程运转速度。

企业在推进财务共享服务自动化的过程中,也要注意几点。一是要以业务需求为导向,避免盲目追求自动化而忽视了业务实际。二是要重视数据质量,保证自动化处理的准确性和及时性。三是要加强人员培训,提高团队适应新技术、新流程的能力。四是要建立完善的监控和应急机制,确保自动化运行的稳定性和连续性。

(二)智能决策支持系统的应用

智能决策支持系统在企业财务共享体系的日常运营中发挥着关键作用。通过整合企业内外部数据资源,运用大数据分析、机器学习等先进技术,智能决策支持系统能够为企业管理者提供全面、准确、及时的财务决策依据,有效提升企业财务管理的科学化水平。

智能决策支持系统的核心优势在于其强大的数据处理和分析能力。传统的财务管理模式往往依赖人工经验和直觉,存在主观性强、效率低下等问题。而智能决策支持系统则能够快速处理海量的结构化和非结构化数据,通过数据挖掘、预测分析等技术,揭示数据背后隐藏的规律和趋势,为管理者提供更加全面、客观的决策参考。例如,智能决策支持系统可以实时监测企业现金流、资产负债等关键财务指标,及时预警潜在风险;又如,系统可以根据历史数据和市场趋势对企业未来的财务状况进行预测,帮助管理者制定前瞻性的发展战略。同时,智能决策支持系统还能显著提升财务管理的效率和精准度。传统的财务决策过程往往涉及大量的数据收集、整理和分析工作,耗时耗力;而智能决策支持系统可以自动完成这些烦琐的工作,并以可视化的方式呈现分析结果,使管理者能够快速洞察关键信息,做出及时响应。此外,智能算法能够不断自我学习、优化,随着数据的积累和模型的迭代,系统的决策建议将变得越来越精准,为企业的财务管理带来持续的效能提升。

当然,引入智能决策支持系统也对企业的数据治理和人才队伍提出了更高要求。企业需要建立规范、完善的数据管理体系,确保数据的准确性、安全性和可获取性;同时,企业需要培养既懂财务又懂技术的复合型人才,以充分发挥系统的潜力。这需要企业高层的战略眼光和持续投入,将数字化转型作为企业发展的重要驱动力。

(三)智能化财务报告和分析

智能化财务报告和分析在企业财务共享服务的日常运营中发挥着关键作用。传统的财务报告编制和分析流程往往耗时耗力,难以满足管理层对实时、准确财务信息的需求;而智能技术的应用则为实现财务报告和分析的自动化、智能化提供了新的可能。

基于大数据、机器学习等前沿技术,智能化财务报告和分析系统能够自动采集、整合来自各业务系统的财务数据,并运用预设的算法模型进行实时处理和分析。这不仅大大提高了财务报告编制的效率和准确性,更实现了报告内容的个性化定制。管理者可以根据自己的需求,灵活配置报告的维度、展现方式等,从而快速洞察业务运营状况,及时发现潜在风险和机遇。

智能化财务分析工具还能借助数据可视化技术将复杂的财务数据转化为直观、易懂的图表和报告。通过多维度的数据展现和交互式的操作界面,管理者能够直观地了解企业的财务健康状况,深入剖析各项财务指标背后的驱动因素,并进行同行业对标和趋势预测。这种可视化的财务分析方式不仅能够提升决策的针对性和科学性,也能为企业内外部沟通提供便利。

智能化财务报告和分析还有助于增强企业在资本市场的透明度和信任度。上市公司需要定期披露财务报告,接受投资者、监管机构的检视。传统的报告编制方式难以确保数据的一致性和可追溯性,容易引发信息披露的合规风险。智能化财务报告系统能够规范报告编制流程,统一数据口径和计算口径,确保披露信息的准确性和及时性。同时,系统还能自动生成符合监管要求的定期报告和公告,大幅降低信息披露的合规成本。

智能化财务报告和分析是企业数字化转型的重要内容,是实现财务共享服务高质量运营的关键支撑。然而,企业在引入智能技术的同时,也要高度重视数据治理和信息安全。必须建立健全数据标准和数据质量管理机制,确保智能系统"喂"入的数据完整、准确、一致。同时,还要强化内部控制和权限管理,防范数据泄露和舞弊风险。只有数据来源可靠、系统运行安全,智能化财务报告和分析才能真正发挥其应有价值。

二、企业财务共享体系的智能监控与预警机制

(一)实时监控系统的构建与功能

实时监控系统是企业财务共享体系智能化运营的重要基石,在防范财务风险、提高企业应对能力方面发挥着不可替代的作用。随着大数据、人工智能等新兴技术的迅猛发展,实时监控系统的功能也日趋丰富和完善。企业只有紧跟时代步伐,积极推进智能化转型,才能在激烈的市场竞争中立于不败之地。

从系统构建的角度来看,实时监控系统需要与企业财务共享平台深度融合,实现数据的无缝对接和实时传输。这要求企业在设计之初就要考虑监控系统与核心财务系统的兼容性和互通性,避免出现"信息孤岛"现象。实时监控系统还应具备强大的数据处理和分析能力,能够快速识别海量财务数据中的异常情况,并及时预警。这对系统的架构设计、算法模型等提出了较高要求。只有在科学规划、合理设计的基础上,实时监控系统才能发挥出应有的效能。

从功能定位的角度来看,实时监控系统是风险管控的"千里眼",是财务把控的"顺风耳"。它通过实时跟踪关键财务指标、识别异常交易行为等方式,第一时间发现潜在风险,让财务管理更加透明和精准。以资金监控为例,实时监控系统可以对企业资金流向进行全程跟踪,一旦发现大额异常支付、频繁小额转账等可疑行为,就会立即触发预警,提醒财务人员采取应对措施。这种"防患于未然"的管控理念,对于维护企业财务安全、提高资金使用效率至关重要。事实上,在复杂多变的经济环境下,唯有借助实时监控系统的"慧眼",企业才能及时洞察风险,做出正确决策。

(二)预警机制的智能化

预警机制的智能化是企业财务共享体系建设中不可或缺的重要环节。随着大数据和机器学习技术的飞速发展,传统的预警方式已难以适应日益复杂的业务场景和风险环境。通过引入智能化预警机制,企业可以更加全面、及时、准确地识别潜在风险,实现财务管理的精细化和高效化。

智能化预警机制的构建需要充分利用大数据资源。企业在长期运营中积累了海量的财务数据,如交易记录、资金流向、往来账款等。这些数据蕴含着丰富的

业务规律和风险信息,是智能预警的重要基础。通过对数据进行采集、"清洗"、整合,建立统一的数据仓库和数据集市,企业可以为智能预警提供高质量的数据支撑。在此基础上,运用大数据分析技术,如关联分析、聚类分析、时序分析等,可以从海量数据中挖掘有价值的风险信号和模式,为预警决策提供依据。

机器学习是实现智能预警的关键技术。传统的预警模型往往依赖专家经验和主观判断,存在滞后性和局限性;而机器学习可以从历史数据中自动学习风险特征和规律,构建客观、精准的预警模型。常用的机器学习算法包括决策树、支持向量机、神经网络等,可以根据不同的业务场景和数据特点灵活选择。通过对模型进行训练和优化,可以不断提高预警的准确率和覆盖面。值得一提的是,深度学习作为机器学习的前沿方向,在复杂模式识别和序列预测方面展现出巨大潜力,有望进一步提升智能预警的效果。

智能预警的应用场景十分广泛。在财务共享领域,智能预警可以有效监控各类异常交易和舞弊风险。例如,通过对员工费用报销数据进行智能分析,识别出重复报销、虚假发票等违规行为;通过对供应商付款数据进行监控,发现串通舞弊、资金挪用等问题。在营运资金管理方面,智能预警可以及时预测现金流短缺风险,优化资金调度策略。在投融资决策中,智能预警可以全面评估宏观经济形势、行业动向、企业信用状况等因素,提示潜在的市场风险和政策风险。

(三)异常交易的智能检测

异常交易的智能检测是企业财务共享体系建设中一项关键举措,对于提高企业应对财务舞弊风险的能力具有重要意义。随着大数据和人工智能技术的迅猛发展,传统的异常交易检测模式已经难以满足企业日益复杂的业务场景和风险管理需求。因此,创新异常交易智能检测方法,充分利用先进技术手段,已成为财务共享领域亟待突破的难题。

异常交易智能检测的核心在于构建基于机器学习和数据挖掘的风险识别模型。通过对海量财务交易数据进行分析和学习,智能模型能够自动发现隐藏在数据中的异常模式和风险特征,如金额异常、频率异常、时间异常等。与传统的规则型检测方法相比,智能模型能够适应不断变化的欺诈手法,具有更强的灵活性和可扩展性。同时,智能模型还能够通过持续学习来优化风险判别策略,不断提高检测的精准度和效率。

然而,异常交易智能检测的实施还面临着诸多挑战。首先,企业需要建立完善的数据治理体系,保证财务交易数据的完整性、准确性和一致性,为智能模型的训练提供高质量的数据支撑。其次,智能检测模型的开发需要多学科协同,涉及财务、IT、数据科学等多个领域的专业知识和技术能力,对企业的人才储备和组织协作提出了更高要求。此外,智能检测的结果还需要专业的财务人员进行分析和判断,并与业务部门紧密配合,才能真正发挥其风险预警和决策支持的作用。

尽管挑战重重,异常交易智能检测在企业财务共享领域仍有巨大的应用前景。一方面,它能够有效补足传统内控措施的不足,及时发现和遏制潜在的财务舞弊行为,降低企业的经济损失和声誉风险。另一方面,智能检测还能够优化财务流程,减少人工审核环节,提升财务共享服务的质量和效率。更为重要的是,异常交易智能检测的实施,将推动企业财务管理从事后监督向事前预防转变,强化财务风险的主动管控能力,助力企业实现精细化、智能化的财务管理。

三、财务共享体系的智能化维护策略

(一)维护体系的构建与优化

智能技术的发展为企业财务共享体系的维护工作带来了新的契机和挑战。构建科学、高效的维护体系是确保财务共享服务平台稳定运行的关键。

1. 立足于智能技术的特点

维护体系的设计应立足于智能技术的特点,充分利用其自动化、智能化优势,简化维护流程,提高维护效率。传统的人工维护模式难以适应日益复杂的系统环境,容易出现响应迟缓、故障频发等问题。而引入智能运维工具,如自动化监控、智能巡检、预测性维护等,则能够实现维护工作的精准化、高效化,大幅降低系统故障率。

2. 注重全面性和持续性

财务共享服务平台涉及财务核算、资金管理、税务筹划等多个业务模块,且各模块之间存在着错综复杂的逻辑关系。这就要求维护工作必须统筹兼顾,对各个子系统进行全面、协同的维护,避免顾此失彼。同时,企业外部环境和内部需求都处于动态变化之中,维护体系也应具有持续优化、持续改进的能力。定期开展系统体检,评估系统性能,发现潜在风险,并据此调整维护策略,才能使系统始终处于最佳运行状态。

3.注重数据的支撑

系统运行过程中产生的海量日志数据、性能数据、用户行为数据等,蕴含着对维护工作具有重要价值的信息。通过对这些数据进行采集、存储、处理和分析,运用大数据、机器学习等技术提取特征、建立模型、优化算法,能够实现对系统故障的智能诊断、对异常行为的实时预警、对系统容量的动态规划等,使维护工作更加精准、高效、智能。当然,数据维护也对企业的数据治理能力提出了更高要求,需要建立严格的数据标准和数据流程,确保数据的准确性、完整性、安全性。

4.重视团队建设和能力提升

智能化维护并非意味着维护人员的角色弱化,而是对其能力提出了新的要求。一方面,企业应加强培训,提升维护团队的技术水平和业务能力,使其深入理解财务共享业务和智能技术的特点,能够综合运用各种维护工具和手段;另一方面,维护团队还应主动推进变革,树立智能化维护理念,积极探索智能技术在维护领域的创新应用,并与业务部门、IT 部门密切配合,构建协同高效的跨部门维护机制。

(二)自我修复功能的实现

自我修复功能是智能技术在企业财务共享体系维护中的重要应用。随着人工智能、大数据等新兴技术的快速发展,传统的人工维护模式已经难以满足日益复杂的财务共享体系对高效、精准维护的需求。引入自我修复功能,利用人工智能实现系统的自我诊断和修复,不仅能够大幅减少维护工作量,提高维护效率,更能够增强财务共享体系的稳定性和可靠性,为企业财务管理提供坚实的技术支撑。

自我修复功能的实现依赖人工智能技术的深度应用。通过机器学习算法,系统能够持续监测自身运行状态,及时发现潜在的故障和异常。当问题被检测到时,系统可以自动触发预设的修复程序,根据故障类型和严重程度采取相应的处理措施。对于常见的软件故障,如系统崩溃、数据损坏等,自我修复功能可以通过自动重启服务、回滚数据等方式实现快速恢复,最大限度地减少故障对业务连续性的影响。而对于更复杂的硬件故障,系统则可以精准定位故障点,自动生成维修建议,引导维护人员高效完成维修,从而降低人工维护的时间成本和技能要求。

自我修复功能的应用不局限于事后的被动修复,更体现在事前的主动预防。基于海量运行数据,智能系统可以通过机器学习不断优化自身算法模型,学习正常运行的模式特征。当系统状态偏离正常模式时,预警机制就会被触发,提醒管理人员提前采取预防措施。这种预测性维护策略可以有效避免故障的发生,保障财务共享体系持续稳定运行。同时,系统还可以在自我修复的过程中不断积累经验数据,形成修复知识库,为日后的智能化运维提供决策支持,实现维护效率和质量的持续提升。

引入自我修复功能还有助于优化财务共享服务中心的人力资源配置。传统的人工维护模式对维护人员的数量和技能水平有较高要求,而且故障响应和处理的及时性很大程度上依赖人工值守。自我修复功能可以显著降低系统维护对人力的依赖,维护人员可以从烦琐的日常维护工作中解放出来,将更多精力投入到技术创新和优化上,为财务共享体系的长期发展提供智力支持。同时,自我修复也为维护团队的精简和优化提供了可能,企业可以根据系统的自我修复能力动态调整团队规模,实现人力资源的高效利用。

(三)预防性维护的实践

预防性维护是企业财务共享体系运营的重要一环,它通过借助智能技术实现成本效益的维护计划,确保系统的稳定运行和持续优化。随着人工智能、大数据等前沿技术的迅猛发展,预防性维护已经成为现代企业财务共享体系建设中不可或缺的关键策略。

智能技术赋能下的预防性维护首先体现在对系统运行状态的实时监控和分析。通过安装各类传感器和数据采集端,财务共享体系能够全方位、多维度地感知自身的"健康指标",包括系统负载、响应时间、资源利用率等关键性能参数。海量的监控数据经由大数据分析平台处理后,可以精准刻画系统的实时运行状况,及时发现潜在的异常和风险。这为预防性维护提供了坚实的数据支撑和决策依据。

在此基础上,机器学习算法可以深入挖掘设备和系统的故障规律,建立起完善的风险预测模型。通过对历史运维数据和故障案例的学习,机器学习算法能够洞察问题发生的模式和征兆,提前预警可能出现的故障,并给出针对性的维护建议。这使得维护工作从被动应对转向主动预防,大幅提升体系运行的稳定性和可靠性。预测性维护不仅能够避免由突发故障导致的系统中断和业务损失,更能优化维护成本,实现资源的高效配置。

智能技术在预防性维护中的一个重要应用是优化维护策略和维护周期。传统的定期维护模式往往缺乏针对性和灵活性,难以适应财务共享体系复杂多变的运行环境。人工智能可以通过分析系统部件的磨损程度、老化速率等特征,结合业务负载和环境因素,动态调整维护的时间和频率,制订出最优的维护计划。这不仅能够最大限度地延长设备的使用寿命,降低维护成本,还能减少不必要的维护操作,提高体系的整体运行效率。

四、基于智能技术的财务共享体系故障诊断与修复

(一)自动化故障诊断流程

自动化故障诊断流程的实现要求企业利用智能技术提高故障诊断的效率和准确性。在财务共享体系中,故障诊断是确保系统稳定运行的关键环节。传统的人工诊断方式往往依赖专业人员的经验和判断,存在效率低下、准确性不高等问题。而随着人工智能、大数据等新兴技术的发展,智能化的故障诊断方案为企业带来了新的机遇。

构建自动化故障诊断流程,首先需要建立完善的数据采集和监控体系。通过在关键节点安装传感器、监控设备,实时采集系统运行数据,为故障诊断提供数据基础。同时,需要整合历史故障数据,形成标准化的故障案例库,为智能诊断算法的训练提供样本。

在数据基础上,自动化故障诊断流程的核心是智能诊断算法的应用。机器学习算法可以通过对历史故障数据的学习,掌握故障发生的模式和规律,并基于实时采集的数据进行预测和判断。常见的算法包括决策树、支持向量机、神经网络等。通过算法的训练和优化,可以不断提高诊断的准确率和响应速度。

自动化故障诊断流程的实施还需要与企业的业务流程紧密结合。诊断结果应及时反馈给相关业务部门,触发相应的应急预案和处置措施。同时,诊断流程

应嵌入整个财务共享体系的运营中,与监控、预警、维护等环节形成闭环管理,实现故障的早发现、早处理。

引入自动化故障诊断流程,可以显著提升财务共享体系的运行效率和稳定性。智能诊断算法可以快速、准确地定位故障原因,减少人工排查的时间,降低成本。同时,基于大数据的分析还可以发现潜在的故障隐患,实现预测性维护,进一步提高系统的可靠性。

(二)修复流程的智能优化

修复流程的智能优化在减少停机时间和提升修复质量方面发挥着至关重要的作用。传统的故障修复通常依赖人工经验和固定流程,存在效率低下、质量不稳定等问题。而智能优化技术的引入为修复流程的改进提供了崭新的思路和方法。

智能优化的核心在于利用大数据分析、机器学习等技术,对海量的历史修复数据进行挖掘和建模,从而发现隐藏在数据背后的规律和模式。通过对故障现象、原因、修复方案等信息的深入分析,智能系统能够快速识别出最优的修复路径,减少盲目尝试和无效操作,大幅缩短故障排查和修复的时间。同时,智能优化还能根据设备的实时状态和环境因素动态调整修复策略,确保修复方案的针对性和有效性。

在提升修复质量方面,智能优化技术同样大有可为。传统修复往往依赖维修人员的个人经验和技能,质量参差不齐,且容易出现遗漏或误判等问题。而智能优化系统通过对大量成功案例的学习,能够总结出最佳实践和关键质控点,形成标准化、规范化的修复流程。维修人员在系统的指导下,能够准确无误地执行每一个修复步骤,有效避免人为失误,从而显著提升修复质量。此外,智能优化还能通过对修复效果的实时监测和评估及时发现并纠正潜在的质量问题,实现修复过程的闭环管理。

智能优化技术在修复流程中的应用,还能显著降低企业的运维成本。通过减少停机时间和返工率,企业可以最大限度地提高设备的可用性和生产效率,减少由故障导致的经济损失。同时,智能优化还能帮助企业优化备件管理、预测性维护等环节,提高资源利用效率,降低库存和采购成本。这些成本的节约都将转化为企业的竞争优势和经济效益。

第三节　智能技术驱动下的企业财务共享体系风险管理

一、数据安全风险管理

(一)信息泄露的原因与预防措施

信息泄露已然成为数字时代企业面临的重大安全隐患。随着企业业务的数字化、网络化发展,海量敏感信息通过各类信息系统进行采集、传输、存储和处理。一旦这些信息外泄,不仅会给企业声誉和经济利益造成巨大损失,更可能危及国家安全和社会稳定。因此,在智能技术驱动下构建企业财务共享体系必须将防范信息泄露作为风险管理的重中之重。

数据外泄的原因错综复杂,既有人为因素,也有技术漏洞。从人为因素来看,内部员工安全意识薄弱、违规操作是信息泄露的主要诱因。有些员工缺乏基本的信息安全常识,在日常工作中随意复制、下载、转发敏感信息,为不法分子提供了可乘之机。而有些员工则受利益驱使,故意将企业机密信息售卖给竞争对手,给企业造成难以挽回的损失。从技术层面来看,系统自身的安全漏洞也是信息外泄的重要原因。黑客利用系统的弱口令、SQL注入、跨站脚本等安全缺陷入侵企业内网窃取敏感数据。同时,随着移动办公、云计算等新技术的普及,企业数据资产的边界日益模糊,未经授权接入、数据未加密传输等问题进一步加剧了信息泄露的风险。

面对复杂多变的内外部环境,企业财务共享体系必须构筑起全方位、多层次的安全防线,方能有效防范信息泄露风险。首先,企业应加强员工安全意识教育,提高其保密意识和规范操作水平。通过定期开展信息安全培训、制定详细的保密规定、建立违规问责机制等措施强化员工主体责任,从源头遏制人为泄密事件。其次,财务共享系统应严格遵循"深度防护、纵深防御"的安全架构原则。在系统开发阶段就应该进行全面的安全需求分析,从身份认证、访问控制、数据加密、日志审计等方面入手,采用成熟可靠的安全技术,从顶层设计上消除潜在的安全隐患。企业还应定期开展系统渗透测试、漏洞扫描等安全评估活动,及时发现和修复系统存在的安全漏洞。再次,企业应建立完善的数据分类分级和权限管理体系。根据数据的敏感程度和业务重要性对财务信息进行科学分类，并细化各类数据的访问、使用、共享等权限规则。在确保员工职能履行的同时，遵循最小化授权原则，避免数据访问权限过度集中。最后，财务共享体系应与企业整体的网络安全监控、应急响应机制无缝对接。通过安装先进的威胁检测、事件分析工具，实时监测网络中的异常行为，并建立统一指挥、快速响应的安全运营流程，最大限度地减小安全事件的破坏性影响。

（二）强化数据安全文化

数据安全文化是企业财务共享体系风险管理的重要组成部分。在智能技术快速发展的今天，企业拥有海量的财务数据。这些数据不仅关系到企业的商业机密，也涉及客户的隐私信息。一旦数据发生泄露或被非法利用，将给企业带来难以估量的经济损失和信誉损害。因此，增强员工对数据安全重要性的认识，提高其在日常操作中的风险意识，已经成为企业财务共享体系风险管理的关键课题。

1.企业高层的重视和推动

管理者应该以身作则，带头学习数据安全知识，并将其纳入企业的战略规划和文化建设之中。同时，企业要制定明确的数据安全政策和规范，对员工的行为进行规范和约束。这些政策应涵盖数据收集、存储、传输、使用等各个环节，明确界定各类数据的敏感程度和访问权限，并规定违规行为的处罚措施。只有形成自上而下的数据安全意识，才能为企业的数据安全文化奠定基础。

2.加大数据安全教育和培训力度

很多数据泄露事件并非源于技术漏洞，而是员工安全意识淡薄、操作不当所致。因此，企业要定期开展数据安全培训，普及数据安全知识，教育员工识别和应对各类数据安全风险。培训内容应包括但不限于：设置复杂密码、定期更换密码、不随意点击不明链接、谨慎处理可疑邮件、文件加密传输等。通过生动、实用的案例教学，帮助员工真正掌握数据防护的实战技能，自觉养成良好的数据安全习惯。

3.重视数据安全的文化氛围

可以通过宣传栏、公司刊物、内部论坛等多种渠道宣传数据安全的重要性，分享数据安全的最佳实践，曝光数据泄露的严重后果。要让每一名员工意识到，数据安全不仅关乎公司利益,也与自身利益息息相关。只有从心理上认同数据安全的价值,员工才会自觉将其外化为日常行动。企业还可以设置数据安全奖项,对在数据安全方面表现突出的个人和团队进行表彰,以此激励员工主动参与数据安全建设。

4.建立数据安全监控和应急响应机制

利用智能技术手段,对企业的数据访问和使用情况进行实时监控,及时发现和处置异常行为。一旦发生数据安全事件,要第一时间启动应急预案,控制事态蔓延,并及时向公众通报情况,避免引发恐慌。事后,还要举一反三,总结教训,堵住漏洞,优化、完善数据安全管理体系。只有形成常态化的监管和应急处置能力,才能从根本上化解数据安全风险。

二、系统稳定性风险管理

(一)高可用性架构设计

高可用性架构设计是确保企业财务共享系统连续运行的关键。在智能技术飞速发展的当下,企业对财务共享系统的稳定性和持续性提出了更高要求。传统的单点式架构已难以满足日益增长的业务需求,一旦系统出现故障,就可能导致整个财务流程瘫痪,给企业造成巨大损失。因此,设计并实施高可用性架构已成为企业财务共享体系建设的重中之重。

高可用性架构的核心在于冗余设计。在系统的关键节点配置冗余组件(如服务器、存储、网络设备等),可以有效提升系统的容错能力和故障恢复速度。当某个组件出现故障时,冗余组件可以立即接管其工作,确保业务连续性不受影响。同时,冗余设计能够实现负载均衡,将业务请求合理分配到各个节点,提高系统的并发处理能力和响应速度。

在设计高可用性架构时,还需要充分考虑数据的一致性和完整性。财务数据作为企业的核心资产,其准确性和可靠性至关重要。因此,高可用性架构必须能够保证数据在多个节点之间的实时同步和一致性,避免数据不一致导致业务错误和决策失误。常见的数据同步方案包括主从复制、双活部署等,通过实时将数据复制到多个节点,确保数据的高可用性和一致性。

高可用性架构还需要引入智能监控和自动化运维机制。在复杂的分布式环境下,单纯依赖人工监控和处理已难以应对系统的各种异常情况。智能监控平台可以实时收集系统的各项指标数据,通过机器学习算法进行分析和预测,提前发现潜在的风险和故障。一旦发现异常,系统可以自动触发预定义的处理流程,如自动重启、自动切换等,最大限度地减少故障的影响范围和持续时间。

(二)灾难恢复计划的制订与执行

灾难恢复计划是智能技术驱动下企业财务共享体系风险管理的重要组成部分,旨在确保在灾难事件发生时,企业能够迅速恢复关键业务流程,最大限度地减少损失,保障业务连续性。一个全面、有效的灾难恢复计划需要考虑多个关键要素。

首先,灾难恢复计划应明确定义何为"灾难事件"。这不仅包括自然灾害(如地震、洪水等),也包括人为事件(如恶意攻击、重大设备故障等)。只有准确识别潜在的灾难威胁,才能有的放矢地制定应对策略。

其次,灾难恢复计划需要确定关键业务流程和系统。企业应对各业务流程进行优先级排序,识别出在灾难发生时必须优先恢复的关键流程和支撑这些流程运行的关键系统。这需要企业全面评估各业务流程对企业运营的重要性及其对系统的依赖程度。

再次,灾难恢复计划应设定明确的恢复时间目标(RTO)和恢复点目标(RPO)。RTO 定义了灾难发生后业务流程必须恢复的时间窗口,而 RPO 定义了在灾难发生时可以容忍的数据损失量。这两个指标体现了企业对业务中断的容忍度,是确定灾难恢复策略和资源投入的重要依据。

此外,全面的灾难恢复计划还应包含详尽的恢复流程和角色分工。这包括灾难发生时的应急响应流程、系统恢复步骤、数据恢复流程、人员协调机制等。每个参与恢复的角色都应明确分工和职责,确保恢复过程有序、高效。同时,恢复所需的硬件、软件、数据备份等资源也应提前准备和测试,确保其可用性和有效性。

最后,定期的演练和评估也是灾难恢复计划的关键要素。通过模拟灾难场景,对恢复计划进行定期演练,可以检验计划的可行性,发现并修补潜在的缺陷。

同时,灾难恢复计划应根据企业业务和 IT 环境的变化进行持续评估和更新,确保其始终与企业需求保持一致。

(三)应对系统升级的挑战

智能技术的发展日新月异,为企业财务共享体系的运行带来了新的机遇和挑战。在智能化的浪潮下,企业财务共享体系也面临着系统升级的重大考验。系统升级过程中可能出现的风险不容忽视,如何平稳过渡,确保财务共享业务的连续性和稳定性,已经成为亟待解决的现实问题。

系统升级风险主要源于新旧系统的切换和数据迁移。在切换过程中,如果新系统存在缺陷或者与原有业务流程不兼容,就可能导致财务共享业务中断或者效率下降。数据迁移也是一个高风险环节,如果迁移策略不当,可能造成数据丢失、错误或者不一致的问题,进而影响财务数据的准确性和可靠性。此外,系统升级还可能带来信息安全方面的隐患,如果安全防护措施不到位,机密财务数据可能被非法访问或者泄露。

针对这些风险,企业需要制定周密的系统升级计划和应对策略。首先,要全面评估新系统的功能、性能和兼容性,确保其能够满足财务共享业务的需求。在正式切换之前,应该通过反复测试和试运行,及早发现和解决潜在问题。其次,要制定科学的数据迁移方案,采用增量迁移、并行运行等策略,最大限度地减小对业务连续性的影响。同时,要加强数据校验和质量控制,及时发现和纠正数据异常。再次,要强化信息安全管理,构建多层次、立体化的安全防御体系,严防数据泄露和非法入侵。

更重要的是,企业要高度重视系统升级过程中的人员培训和变革管理。财务共享人员需要尽快熟悉新系统的操作流程和功能特点,这就需要提供及时、有针对性的培训和指导。管理者还要注重舆情引导,消除员工的抵触情绪,营造良好的组织氛围,调动全员参与变革的积极性。只有人员素质和工作方式与智能系统相匹配,才能真正发挥智能技术的潜力。

此外,企业还应建立应急预案和回退机制,以应对系统升级过程中可能出现的意外情况。一旦发生重大故障或者数据损坏,要能够快速启动应急方案,将损失和影响控制在最小范围内。同时,要为关键业务设置回退路径,确保在新系统无法正常运行时,能够及时切换到原有系统,保证业务连续性。

三、操作流程风险管理

(一)流程设计中的潜在缺陷分析

1.忽视流程设计与企业战略目标的匹配度

理想的共享服务流程应该与企业的整体战略紧密相连,为实现企业的长远发展目标提供支持和保障。然而,一些企业在设计共享服务流程时过于关注流程本身的效率和标准化,却忽视了评估流程是否真正服务于企业的战略诉求。流程与战略的脱节会导致共享服务中心的工作失焦,无法为企业创造应有的价值。

2.流程的灵活性和适应性不足

面对瞬息万变的市场环境和不断变化的客户需求,共享服务流程必须具备足够的弹性和敏捷性,能够快速响应变化并进行调整。僵化、死板的流程设计不仅会降低共享服务中心的服务质量,还可能成为阻碍企业创新和变革的绊脚石。因此,在设计共享服务流程时,必须充分考虑流程的可扩展性和可调整性,为未来的变化预留足够的空间。

3.没有充分考虑各利益相关方的需求和期望

共享服务中心的客户不仅包括企业内部的业务部门,还可能涉及外部的供应商、合作伙伴等。不同的利益相关方对共享服务流程的要求可能存在差异,甚至出现冲突。如果流程设计未能平衡各方利益,就容易引发矛盾和纠纷,影响共享服务的运作效果。因此,在设计流程时,必须广泛收集和分析各利益相关方的意见,力求在流程中找到利益的最大公约数。

4.流程设计与绩效评估机制脱节

科学合理的绩效评估机制是驱动流程持续改进的重要引擎。但一些企业在设计共享服务流程时,并未同步建立与之匹配的绩效评估体系,或者绩效指标设置不当,无法真实反映流程的运行效果。缺乏有效的绩效评估,共享服务流程就失去了优化的方向和动力,长期运行下去会逐渐失去活力。因此,流程设计必须与绩效评估机制设计同步进行,确保两者的匹配度和一致性。

5.未对数据安全风险给予足够的重视

在信息化时代,数据安全和隐私保护已成为企业运营中的重大风险点。但一些企业在设计共享服务流程时并未对数据安全风险给予足够的重视,没有从源头嵌入必要的数据安全控制措施。这种疏忽可能导致敏感数据在共享服务流程中被非法访问、泄露或篡改,给企业带来严重的经济损失和声誉损害。因此,数据安全风险的防控必须贯穿共享服务流程设计的全过程,通过加密、权限控制、访问监控等技术和管理手段,最大限度地降低数据泄露的可能性。

6.忽视流程关键风险点的识别和控制

每个共享服务流程都有其关键风险点,如果这些风险点得不到有效管控,就可能演变为重大的流程失效事件。然而,一些企业在设计流程时缺乏全面的风险意识,未能系统地辨识、评估流程中的关键风险点,更未建立针对性的风险防控机制。这种疏漏埋下了流程运行的隐患,一旦风险事件发生,可能会对共享服务中心的运营造成重大冲击。因此,系统的风险管理理念和方法必须深度嵌入共享服务流程设计中,将风险防控措施与流程运作有机结合。

7.忽视流程的持续优化和改进机制

无论流程设计多么完善,也不可能一劳永逸。面对不断变化的业务环境和客户需求,共享服务流程必须具备持续改进的能力。但一些企业在流程设计时重建设轻维护,缺乏长效的流程优化机制。这种"交钥匙工程"式的流程设计思路,无法为流程注入持续改进的内生动力,导致流程逐渐僵化、效率降低。因此,持续优化机制必须同流程方案一起设计,通过成熟度评估、绩效考核等手段,推动流程在运行中不断自我优化和升级。

(二)强化内部控制与审计机制

在智能技术驱动下的企业财务共享体系建设中,强化内部控制与审计机制是保障系统运行规范性和透明性的关键举措。内部控制作为组织内部的自我约束和管理手段,在防范风险、提高效率方面发挥着不可替代的作用。而内部审计则是评估内控制度执行效果、识别潜在风险的重要途径。二者相辅相成，共同构筑起企业财务共享运营的"防火墙"。

在财务共享体系的流程设计和优化过程中，应当充分考虑内控要求，将授权审批、职责分离、凭证管理等关键控制点嵌入业务流程中，形成事前防范、事中控制、事后监督的全流程内控机制。这不仅能够规避共享运营中的舞弊风险，也有助于提升流程的标准化和精细化水平。与此同时，还应重视内控制度的宣贯培训，强化全员内控意识，营造"人人参与内控、人人遵循内控"的良好氛围。

内部审计在财务共享体系建设中同样不可或缺。一方面，内审部门要转变传统的事后查错思路，积极参与到财务共享项目的全生命周期管理中，针对流程设计、系统开发等环节提供前瞻性意见和建议，为共享模式的顺利落地保驾护航。另一方面，内审人员要发挥专业优势，针对财务共享运营中的关键风险领域，如资金管理、税务筹划、财务核算等开展专项审计，评估内控设计和执行的有效性，揭示业务漏洞和管理短板，推动持续优化和改进。

在智能技术的赋能下，内审工作也呈现出新的发展趋势。海量数据的采集和分析能力使得内审从抽样走向全样本成为可能，数据模型和算法的运用让疑点识别和违规监控更加精准高效，RPA等新兴技术的引入大大提升了内审作业的自动化水平。顺应这一趋势，财务共享中心的内审团队应积极推进智能化变革，一方面加强内审人员的数字化素养，学习掌握大数据分析、流程挖掘等新型审计方法；另一方面加大内审信息系统建设力度，实现内审管理的数字化、移动化、可视化，为管理层提供更加及时、全面、多维的内审服务。

(三)流程自动化与人为错误的关系

流程自动化是企业财务共享体系建设的重要内容，它利用信息技术手段将财务业务流程中的重复性、规律性工作交由系统自动完成，从而提高业务处理效率，降低人工操作失误风险。然而，流程自动化并非万能，能否真正减少人为错误，还受到诸多因素的制约。

（1）流程自动化的实施效果高度依赖业务流程的标准化程度。只有对业务流程进行全面梳理，形成统一、规范的操作标准，才能为流程自动化奠定坚实基础。倘若业务流程存在较大差异或频繁变更，则难以实现全流程的系统化处理，人工干预的频次势必增加,由此产生错误的风险也会相应提高。因此,推进财务业务流程标准化,是发挥流程自动化优势、控制人为错误的前提条件。

(2)流程自动化系统的设计与实现质量直接影响其防错能力。系统在设计阶段需要充分考虑业务场景的复杂性,尤其是各种异常情况的处理,同时嵌入必要的校验规则和控制程序,方能从源头上杜绝错误的发生。而且,系统在开发过程中,还要经过严格的测试与验证,确保功能的准确性和稳定性。一旦系统自身存在缺陷或漏洞,所谓自动化处理反而可能引发新的错误。

(3)即便是设计再精良的自动化系统,也难以完全排除人为错误的影响。毕竟,系统的运行仍需要人工参与,如原始数据的录入、参数的设置、例外情况的处理等,都可能因操作不当而引发错误。尤其是在系统刚上线或业务流程调整时,员工对新流程、新系统不熟悉,更容易导致操作失误。所以,加强员工培训,提高其业务能力和系统操作水平,也是控制人为错误不可或缺的手段。

(4)流程自动化在减少人为错误的同时,也可能滋生新的风险隐患。一方面,过度依赖系统而忽视人工监督,一旦系统出现故障或错误,后果可能更加严重;另一方面,自动化程度的提高也可能弱化员工的风险意识,放松对关键业务节点的人工复核。这就要求在推进自动化的同时建立配套的内控机制,通过流程嵌入控制、人机协同复核等措施,实现人机互补,共同把关。

四、技术更新风险管理

(一)技术革新带来的风险识别

智能技术的飞速发展为企业财务共享体系的建设与应用带来了新的机遇,但也伴随着诸多风险与隐患。引入新兴技术固然能够提升财务共享的效率和质量,但如果盲目跟风,缺乏全面的风险评估和防控措施,反而可能给企业带来难以预料的损失。因此,在智能技术驱动下进行企业财务共享体系建设时,必须高度重视技术革新带来的安全性和稳定性风险,未雨绸缪,及时识别和化解潜在威胁。

从信息安全的角度看,智能技术的应用扩大了企业财务数据泄露和被窃取的风险。财务共享平台汇集了海量的敏感数据,一旦发生数据泄露,极易引发连锁反应,给企业声誉和经济利益带来巨大损害。黑客攻击、内部人员泄密、系统漏洞等都是导致数据外泄的常见原因。因此,在引入新技术时,必须对其安全性进行严格评估,完善身份认证、访问控制、数据加密等安全防护措施,最大限度降低数据泄露风险。同时,还要加强内部管理,提高员工保密意识,杜绝内部泄密现象的发生。

从系统稳定性的角度看,智能技术的复杂性和不确定性可能影响财务共享体系的可靠运行。人工智能、区块链等前沿技术在为企业带来变革机遇的同时,其成熟度和可控性尚有待验证。一旦核心系统或关键节点出现故障,极易引发"多米诺骨牌效应",导致整个财务共享体系瘫痪,影响业务连续性。为防范此类风险,企业在选择智能技术时要进行充分的可行性论证,对系统稳定性进行严苛测试,并制定完善的应急预案和数据备份机制。关键业务系统应具备较高的容错性和恢复能力,避免单点故障演变为整体风险。

技术迭代周期不断缩短也给企业财务共享体系的建设和维护带来不小挑战。当前,人工智能、大数据、云计算等领域的技术更新速度日新月异,如何在保证系统平稳运行的同时及时跟进前沿技术,对企业的技术管理能力提出更高要求。一味追逐新技术易陷入"赶时髦"和盲目投资的陷阱,但如果不能准确把握技术发展趋势,又可能错失竞争先机。因此,企业需要制定长期的技术规划,建立健全的IT治理机制,在充分论证和控制风险的基础上,分阶段、分步骤实施新技术改造,既敢于创新又稳扎稳打,确保财务共享体系安全平稳地过渡到智能化阶段。

(二)维持长期技术竞争力的策略

智能技术的迅猛发展为企业财务共享体系建设带来了前所未有的机遇,但也对企业的长期技术竞争力提出了更高要求。面对瞬息万变的市场环境和日益激烈的行业竞争,企业必须审时度势,在实施技术更新和控制企业成本之间寻求平衡,方能在动态竞争中保持优势地位。

技术更新是一把双刃剑,一方面,它能够为企业带来效率提升、成本节约等显著收益,增强企业的核心竞争力。特别是在财务共享服务领域,人工智能、区块链、云计算等前沿技术的应用,正在深刻重塑传统的业务流程和管理模式。企业唯有紧跟时代步伐,积极推进变革,才能在数字化转型的浪潮中抢占先机。另一方面,盲目追逐新技术也可能带来诸多隐患。一则,技术更新往往需要大量资金投入,对企业的财务状况造成压力。二则,频繁的系统迭代可能引发数据安全、业务连续性等风险,影响财务共享体系的稳定运行。三则,员工对新技术的适应和学习也需要一个过程,贸然推新可能导致人员流失、效率下降等问题。

因此,企业在制定技术更新策略时,必须综合权衡多方因素,在创新与稳健之间找到平衡点。首先,要立足企业自身条件,根据发展阶段、资金实力、人才储备等因素,合理确定技术更新的节奏和力度。切忌盲目跟风,要选择最契合企业需求、最能发挥自身优势的技术路线。其次,要建立健全技术评估和决策机制,对新技术的成熟度、适用性、性价比等进行充分论证,避免因一时冲动而陷入技术陷阱。再次,要重视技术更新的配套措施,包括优化业务流程、加强数据治理、开展员工培训等,确保新技术能够真正落地见效。另外,要把握好技术更新的时机和节奏,既要敢于先行一步,抢占技术制高点;又要稳扎稳打,在实践中不断完善和优化。

除了内部举措外,企业还应加强与外部生态的协同创新,携手高校、科研机构、行业伙伴等开展产学研合作,共同探索前沿技术在财务领域的创新应用。通过构建开放、多元的创新网络,汇聚各方智慧和资源,企业可以更高效、更经济地获取所需技术,同时分散创新风险,提升技术研发的成功率。

(三)更新周期内的风险缓释措施

在企业财务共享体系建设中,智能技术的不断更新迭代为系统的持续优化带来了机遇,但也引入了新的风险因素。技术更新周期内,企业需要采取有效的风险缓释措施,确保财务共享体系平稳运行,实现预期目标。

识别和评估技术更新带来的潜在风险是风险管理的首要任务。一方面,新技术的引入可能对现有系统的稳定性造成冲击,导致业务中断或数据丢失等问题。另一方面,技术更新也可能引发新的安全漏洞,为网络攻击和数据泄露提供可乘之机。因此,企业需要建立完善的风险评估机制,全面分析技术更新对财务共享体系的影响,并制定相应的应对策略。

为了有效缓释技术更新风险,企业应采取多管齐下的方法。首先,建立健全技术更新管理流程至关重要。企业需要制订严格的技术更新计划,明确更新的时间节点、范围和方式,并进行充分的可行性论证和风险评估。在更新过程中,应采取分批次、分阶段的方式,避免一次性大规模更新带来的冲击。同时,要建立完善的应急预案和回滚机制,确保在出现问题时能够及时恢复系统运行。其次,加强与技术供应商的沟通协作也是风险管控的重要手段。企业应与技术供应商保持密切联系,及时了解新技术的特点和潜在风险,并与其合作制定更新方案和应急预案。通过与供应商的紧密配合,企业可以最大限度地降低技术更新的不确定性,确保更新过程的顺利进行。再次,强化技术人员的能力建设和培训也不容忽视。技术更新往往对技术人员的知识结构和技能水平提出更高要求。企业需要加大对技术人员的培训力度,帮助其掌握新技术的特点和应用方法,提升其风险意识和应急处置能力。同时,要建设人才梯队,确保技术人员的可持续发展,为财务共享体系的长期稳定运行提供人才保障。另外,营造良好的风险管理文化也是风险缓释的重要基础。企业需要从上至下树立风险意识,将风险管理融入到财务共享体系建设的各个环节。通过定期开展风险教育和培训,提高全员的风险防范意识和能力。同时,要建立健全风险报告和处置机制,鼓励员工主动识别和报告风险,形成全员参与的风险管理格局。

参考文献

[1] 刘乃芬.智慧财务共享未来:智能技术驱动下企业财务共享体系建设与应用研究[M].长春:吉林人民出版社,2022.

[2] 张一兰.智能财务时代[M].长春:吉林大学出版社,2020.

[3] 罗进.新经济环境下企业财务管理实务研究[M].北京:中国商业出版社,2019.

[4] 张少峰.企业财务共享服务标准应用指南[M].北京:中国经济出版社,2022.

[5] 张荣静,卫强.智能化时代下的智能财务建设研究[M].延吉:延边大学出版社,2023.

[6] 贾丽.财务共享及智能财务理论与发展研究[M].北京:中国商业出版社,2023.

[7] 郭晓梅.智能技术驱动下的财务共享模式创新与应用实践研究[M].大连:东北财经大学出版社,2022.

[8] 谢冶博.运用大数据和人工智能技术辅助投资决策[M].北京:中国经济出版社,2019.

[9] 戴昕.智能化财务在企业的应用研究[M].长春:吉林大学出版社,2024.

[10] 陆秀芬.数字经济时代企业智能财务的构建与应用研究[M].天津:天津科学技术出版社,2022.

[11] 徐燕.财务数字化建设助力企业价值提升[M].广州:华南理工大学出版社,2021.

[12] 徐志敏,邵雅丽.云计算背景下的财务共享中心建设研究[M].长春:吉林人民出版社,2019.

[13] 刘春姣.互联网时代的企业财务会计实践发展研究[M].成都:电子科技大学出版社,2019.

[14] 朱竞.会计信息化环境下的企业财务管理转型与对策[M].北京:经济日报出版社,2019.

[15] 吴践志,刘勤.智能财务及其建设研究[M].上海:立信会计出版社,2020.